rororo

ro
ro
ro

Zu diesem Buch

Die Verhaltensforscherin und Schriftstellerin Elizabeth Marshall Thomas hat dieses Buch über ihre eigenen Hunde geschrieben, ein Rudel von 11. Sie wurden nie dressiert. «Ein Hund, der seine Freiheit hat, zeigt an einem einzigen Tag mehr von seinen Gedanken und Gefühlen als ein dressierter Hund in seinem ganzen Leben.»

«... dies ist das beste Buch über Hunde, seit Konrad Lorenz vor vier Jahrzehnten *So kam der Mensch auf den Hund* veröffentlicht hat.» *George Schaller*

Die Autorin

Elizabeth Marshall Thomas, Ethnologin und Schriftstellerin, ist Autorin der beiden Romane «Im Mond der Rentiere» und «Die Frau des Jägers». Über ihre langjährigen empirischen Studien in Afrika hat sie ein Sachbuch über die Kung-Buschmänner im südwestlichen Afrika geschrieben.

Elizabeth Marshall Thomas

Das geheime Leben der Hunde

Deutsch von
Lieselotte Mietzner

Rowohlt Taschenbuch Verlag

Veröffentlicht im Rowohlt Taschenbuch Verlag GmbH,
Reinbek bei Hamburg, Februar 1999

Die Originalausgabe erschien 1993 unter dem Titel
«The Hidden Life of Dogs» bei
Houghton Mifflin Company,
Boston / New York

Zeichnungen von Jared T. Williams

Umschlaggestaltung Susanne Müller
(Foto Vince Parrella / The Image Bank)
Satz Excelsior (Linotronic 500)
Gesamtherstellung Clausen & Bosse, Leck
Printed in Germany
ISBN 3 499 33147 0

Für Lorna Marshall,
meine Mutter

EINLEITUNG

Dies ist ein Buch über das Bewußtsein von Hunden. Mancher wird dieses Thema vielleicht schon von seiner Formulierung her als anthropomorph empfinden, hat man doch früher sogar Naturwissenschaftler glauben gemacht, nur der Mensch denke oder fühle. Selbstverständlich könnte nichts falscher sein. Daß eine solche Vorstellung noch immer durch unser Weltbild geistert, erklärt sich allein aus ihrer Übereinstimmung mit der christlichen Schöpfungslehre. Wir Menschen haben Denken und Fühlen, ohne daß Wunder notwendig waren, im Lauf unserer langen Säugetiervergangenheit erlernt, und so ist die Vorstellung, daß Tiere kein Bewußtsein haben, im Grunde unwissenschaftlich. Da die Erforschung des tierischen Bewußtseins in der Naturwissenschaft inzwischen legitim ist, muß die pauschale Annahme, den nichtmenschlichen Geschöpfen fehle Bewußtsein, verwundern.

Gedanken und Gefühle haben schließlich einen evolutionären Wert, sonst hätten wir sie gar nicht. Denken ist ein wunderbar effizienter Mechanismus, ohne den wir und viele andere Tiere übel dran wären. Mit Hilfe der Intelligenz, das heißt der Fähigkeit, zu lernen und Schlüsse zu ziehen, können Menschen und Tiere, z. B. Hunde, mit einer Vielzahl unterschiedlicher Probleme fertig werden, deren Bewältigung einen Riesenaufwand an vorprogrammierten

Verhaltensmustern erforderte, wenn jedes Problem für sich allein gelöst werden müßte. Wenn wir tierisches Denken als Instinkt begreifen, übersehen wir, daß Instinkt lediglich eine elegante Matrix für die Herausbildung von Intelligenz ist, ein Mittel, Irrtümer auszuschließen und zur Entwicklung von Denkprozessen zu führen. Durch Ausbildung geformtes Denken ist es dann, das uns ermöglicht zu tun, was wir tun, und sogar zu sein, was wir sind, und das nicht nur als Angehörige der Spezies Mensch, sondern auch als Einzelwesen.

Was das Bewußtsein von Tieren anbelangt, gebe ich Ihnen folgende vier Beobachtungen zu bedenken: erstens einen Hundebrauch, zweitens einen Hund, der zwei Möglichkeiten gegeneinander abwog, drittens einen Hund, der ein Spiel spielte, und viertens einen Hund, der hinter eine menschliche Eigenheit kam und sie zeitweise selbst anwandte. Der Hundebrauch war in einem Haushalt in Boulder, Colorado, unter fünf Hunden entstanden, die – anders als alle ihre Artgenossen, die ich je gesehen hatte – liegend fraßen. Niemand hatte sie darauf dressiert, im Gegenteil, ihre Besitzer fanden nichts Außergewöhnliches an diesem Verhalten und waren sich in anrührender Weise gar nicht darüber klar, daß nicht alle Hunde so fressen. Warum fraßen diese Hunde liegend? Keiner wußte es genau. Der Alphahund, ein australischer Schäferhundrüde namens Rider, hatte offensichtlich damit angefangen, vielleicht um das aufgeregte Wetteifern bei den Mahlzeiten zu dämpfen, wenn seine Besitzer, geschäftige Eltern von fünf Kindern und mit einem übervollen Terminplan, im Garten fünf Geschirre voll Hundefutter auf den Boden knallten und sich dann der nächsten dringenden Angelegenheit zuwandten. Die Hunde mußten also selbst Aufsicht führen. Jeder suchte sich rasch einen Napf, legte sich nieder und fraß. Danach standen, fast wie auf ein Signal hin, alle wieder auf und gingen herum, wobei sie sich wechselseitig die Näpfe ausleckten. Während die Hunde den Eindruck machten, als hielten sie ihr Verhalten für vollkommen normal, reagierten menschliche Beobachter durchweg perplex.

Aber es läßt sich denken, was zu diesem Brauch geführt haben könnte: Rider ist zarter als zwei seiner Gefährten, stämmige Hündinnen mit dickem Bauch und ausladender Hüftpartie. Eine ist wesentlich älter als er, und beide sind reizbar, wenn die Fütterungszeit naht. Von daher ist die Gefahr, daß es bei den Mahlzeiten zu Rempeleien und Schulterstößen kommt, wie ich meine, sehr hoch, vor allem an den Tagen, wenn das Füttern Sache des halbwüchsigen Sohns der Familie ist, der Interessanteres als Haushaltspflichten im Kopf hat. Entsprechend wissen die Hunde nur zu gut, was Warten heißt. Im Garten, wo sie sich aufhalten, schleppt sich der Nachmittag hin, und die Sonne kriecht in Richtung der Rokkies. Die Fütterungszeit kommt, aber nichts tut sich. Bald ist der Himmel dunkel, und noch immer kommt niemand. Endlich ist es in der Nachbarschaft ruhig. Lichter gehen an in den Häusern, und die Nachbarsfamilien versammeln sich in ihren Küchen. Aber in einem Garten wachsen Hunger und Unruhe.

Hat die ungewisse Situation zu dieser

Freßgewohnheit beigetragen? Haben die Hunde womöglich versucht, die potentiell explosive Stimmung zu entschärfen, die entsteht, wenn die Hundebrocken endlich in die Näpfe prasseln? Die fünf legen sich ja nicht, wie zur Steigerung ihres Genusses, behaglich zurück; nein, sie liegen, die Näpfe zwischen den Vorderläufen, steif da, Ellenbogen flach, Brustkorb am Boden, Bauch leicht durchgebogen, Knie hochgezogen, Fersen auf dem Boden. Sie sehen aus wie Hunde, denen man bei der Abrichtung das Kommando «Platz!» gegeben hat. In dieser Haltung fressen sie schnell und ruhig und werfen sich dabei aus den Augenwinkeln gelegentlich kurze Blicke zu. Das Fressen im Liegen sorgt für eine geordnete, beherrschte Mahlzeit anstelle einer allgemeinen Balgerei, bei der die größeren und schwereren Weibchen den kleinen, aber intelligenten Rider überrollen könnten.

Später wurde Riders Tochter, die junge Pearl, nach Neuengland geschickt, um zwei älteren Hunden in einem Haushalt Gesellschaft zu leisten, in dem die Haustiere morgens und abends gefüttert wurden. Eine

Zeitlang behielt Pearl ihre ungewöhnliche Freßhaltung bei, so gut sie konnte, indem sie morgens stehend fraß, sich aber zur Abendmahlzeit pflichtschuldig hinlegte, wie sie es zu Hause in Boulder getan hätte. Doch bald gab sie es auf, so daß der ungewöhnliche Brauch sich am neuen Ort nicht einbürgern konnte. Wäre Pearl das Alphatier gewesen, hätte es vielleicht anders ausgesehen. Aber in ihrem neuen Heim war sie noch nicht einmal die Tochter des Alphatiers. Ihr Status war niedrig, und die beiden alten Hunde ahmten ihr Verhalten nicht nach. Statt dessen ging Pearl nach ein paar Wochen dazu über, es ihnen gleichzutun und beide Mahlzeiten im Stehen zu fressen.

Der Hund, der dabei beobachtet wurde, wie er zwei Möglichkeiten erwog und dann zu einer Entscheidung kam, war ebenfalls ein junges Weibchen. Jeden Tag machte sie mit ihrem Besitzer und zwei anderen Hunden einen Spaziergang, und jeden Tag blieben alle an einem Fluß stehen, wo die junge Hündin ein Bad nahm. Am fraglichen Tag hatte sie jedoch irgend etwas vom Weg und von ihrer Gruppe abgelenkt, so daß sie nicht dabei war, als diese am Fluß haltmachte. Sie kehrten um, wie es ihre Gewohnheit war, und waren schon etwa 25 Meter zurückgegangen, als die junge Hündin, erhitzt und begierig auf ihr tägliches Bad, auf halbem Weg zwischen der Gruppe und dem Fluß aus dem Gebüsch gestürzt kam. Zu spät – die anderen gingen schon zurück, und sie hatte ihr Bad verpaßt. Vor dem Weg verharrend, schaute sie erst nach rechts hinter ihren Gefährten her, dann nach links zum Fluß, dann wieder nach rechts und noch einmal zum Wasser, und dann traf sie blitzartig eine Entscheidung. Sie raste in vollem Lauf den Weg hinauf zum Fluß, warf sich hinein, schwamm rasch ein paar Züge, wandte sich dann wieder zum Ufer, sprang aus dem Wasser und jagte hinter ihren Gefährten her, ohne sich zu schütteln, bis sie sie erreicht hatte. (So gut wie alle Hunde schütteln sich erst, wenn sie wieder bei ihrer Gruppe sind, zumal wenn die anderen nicht mit im Wasser waren. Wenn der Hund etwas merklich anderes erlebt hat als seine Gruppe, scheint der Drang, sich zu schütteln, zweitrangig zu sein gegenüber seinem Bedürfnis nach Nähe.)

Der Hund, der bei einem Spiel beobachtet wurde, war ein junger Rüde, eine Schäferhund-Labrador-Kreuzung, der vorübergehend zu einem etwas behäbigen, ältlichen Ehepaar gegeben worden war, das eine ebenfalls behäbige, ältliche Hündin besaß. Dort spielte niemand mit dem jungen Spund, am allerwenigsten die ältere Hündin, die sehr streng mit ihm war und keinerlei Späßchen duldete. So wirkte der arme Hund oft etwas verloren, wie ein junger Mensch ohne Freunde und ohne Zeitvertreib. In einer Schneenacht sah ich ihn, die Nase am Boden, ganz allein an einem Hügel nahe dem Haus, wo er wohnte, herumrasen. Welches kleine Nagetier er auch immer jagte, es schien ihn in einem großen Kreis herumzuführen, der den Nager wieder an seinen Ausgangspunkt zurückbrachte, wo der Hund eine ganze Weile an derselben Stelle in der Erde wühlte – offenbar an dem Loch, wo das Beutetier in den Boden verschwunden war. Doch zu meiner Überraschung fing der Hund gleich wieder an zu rennen. Die Nase am Boden, beschrieb er abermals einen großen Kreis, genau in der Spur des ersten. Und wieder stöberte er an einem Fleck herum, als ob seine Beute sich in den Boden verzogen hätte.

Ich fand das alles sehr merkwürdig. Welches kleine Tier würde sein sicheres Erdloch genau vor der Nase eines Hundes verlassen, um den Hund im Kreis herumzuführen? Und würde der Hund es beim Herauskommen nicht sofort packen? Während ich noch rätselte, stürmte der Hund ein drittes, dann ein viertes, fünftes und sechstes Mal im Kreis herum. Sein Gebaren war jedesmal das gleiche – wachsam, freudig erregt, mit der hocherhobenen Rute wedelnd, die Nase am Boden, beim letztenmal noch genauso eifrig wie beim erstenmal. Als ich hinging, um genauer nachzusehen, entdeckte ich natürlich, daß es kein Beutetier gab und auch kein Loch. Das Ganze war Einbildung gewesen. Dieser phantasiebegabte Hund hatte nur so getan, als ob.

Der Hund, der eine menschliche Eigentümlichkeit übernahm, ist der Hund meines Mannes, der uns an einem heißen Tag im letzten Sommer alle erstaunte, als mein Mann sich ein Eis kaufte. Als mein Mann das Eis zum erstenmal kostete, bemerkte er, daß sein Hund ihn aufmerksam ansah. Also hielt er ihm das Eis hin in der Erwartung, daß der Hund es verschlingen würde. Aber zu unser aller Erstaunen schleckte der Hund nur höflich ein wenig Eis, wie mein Mann es getan hatte. Mein Mann aß ein bißchen und bot das Eis dann wieder dem Hund an, der ebenfalls ein bißchen aß. Auf diese Weise schleckten beide abwechselnd das Eis bis hinunter zum Waffeltütchen. Dann biß mein Mann in die Waffel. Der Hund sah ihm zu. In der Annahme, daß der Hund die Waffel auffressen würde, reichte mein Mann sie ihm, wie er dachte, zum letztenmal. Aber der Hund zog die Lefzen zurück, um seine kleinen Schneidezähne freizulegen, und knabberte aufs artigste an der Waffeltüte. Sie ging noch zweimal zwischen beiden hin und her, bis nur noch die Spitze übrig war.

Verblüffend? Eigentlich nicht. Acht Jahre lang hatten mein Mann und dieser Hund eine auf Vertrauen und Wechselseitigkeit beruhende Beziehung zueinander aufgebaut, in der keiner unvernünftige Forderungen an den anderen stellte, keiner den anderen bevormundete oder versuchte, ihn zu unterwerfen, sondern jeder genau das tat, was er wollte, gewöhnlich in Gesellschaft des anderen. Nur vor einem solchen Hintergrund, nur wenn beide Beteiligte sich als gleichwertig betrachten, kann es zu einer solchen Szene kommen. Nur ein Hund, der selbst dachte, der nicht die Gehirnwäsche einer übertriebenen Dressur durchgemacht hatte, ein Hund, der seinen eigenen Wahrnehmungen und Vorstellungen folgte, konnte die sehr menschliche Methode abwechselnden Abbeißens überhaupt als eine Form des Teilens erkennen. Wenn Hunde Nahrung miteinander teilen, fressen sie gleichzeitig, unter wechselseitiger Achtung des individuellen Freßbereichs, das heißt eines kleinen imaginären Kreises rund um die Schnauze des anderen. Die Idee, abwechselnd einen Bissen zu nehmen, ist durch und durch menschlich. Der Hund erfaßte sie trotzdem, *und zwar ohne sie je beobachtet zu haben.* Wer bekam die

Spitze der Eistüte? Mein Mann. Der Hund ließ ihm den letzten Bissen.

Können Hunde denken und fühlen? Selbstverständlich. Wenn es nicht so wäre, gäbe es keine Hunde. Dennoch kommt ein Buch über Hunde per definitionem nicht ohne eine gewisse Vermenschlichung seines Gegenstandes aus, und zwar aus gutem Grund, da unsere Abneigung gegen dieses Etikett unangebracht ist. Die Erfahrungen der eigenen Spezies heranzuziehen, um das Erleben einer anderen Spezies einzuschätzen, hat sich für viele der großen Naturforscher als wertvolles Instrument erwiesen. Je versierter der Forscher, desto nützlicher das Instrument. Denken wir nur an George Schallers Beobachtung einer Leopardenmutter und ihres Sohnes: «Zeitweise kam es [zwischen den beiden Leoparden] zu leidenschaftlichen Wiederbegegnungen, wobei sie Wangen und Körper geschmeidig aneinander rieben und sich gegenseitig das Gesicht leckten, augenscheinlich freudig erregt, sich wiederzusehen. Als Zeuge ihrer Zärtlichkeiten erkannte ich, daß diese Leoparden ihr warmherziges Temperament und ihre Gefühlstiefe lediglich unter einem kalten Äußeren versteckten.»*

Im Gegensatz dazu steht die Beobachtung eines früheren, inzwischen verstorbenen Nachbarn von mir – übrigens eines Psychiaters –, der einen Vogel in die Scheibe seines Panoramafensters fliegen und leblos zur Erde fallen sah. Im nächsten Moment stieß ein zweiter Vogel herab, hob den ersten auf und flog mit ihm davon. In einer recht anrührenden Vermenschlichung dieses Verhaltens nahm der Psychiater an, der zweite Vogel sei ein Männchen gewesen, das gekommen sei, um seine Gefährtin zu retten. Da Vögel ihre Lieben aber niemals tragen und andere Vögel nur packen, um sie zu töten, war der zweite Vogel ganz gewiß kein Helfer, sondern ein Raubvogel, der das Mißgeschick des ersten ausnutzte. Hätte der Psychiater genauer gewußt, wie es in der Natur zugeht, wäre er wahrscheinlich nicht zu diesem Schluß gekommen.

Wir sind nicht die einzige Spezies, die an-

* George Schaller: Golden Shadows, Flying Hooves. Knopf, New York 1973, S. 196

dere Tiere von ihren eigenen Werten und Erfahrungen her interpretiert. Hunde tun das auch, und manchmal mit nicht mehr Glück als der Psychiater. Wenn ein Hund mit einem Knochen einem menschlichen Beobachter droht, nimmt er tatsächlich an, der Mensch wolle dieses schleimige, schmutzstarrende Ding gern haben. Der Hund legt seinen eigenen Maßstab an oder «verhundlicht» den Menschen. Trotzdem schätzen die meisten Tiere, Hunde eingeschlossen, das Verhalten anderer Arten fortwährend mittels einfühlsamer Beobachtung ein. Einer meiner Hunde erkannte einmal meine – düstere – Stimmung über eine Entfernung von rund neunzig Metern und schwenkte daraufhin in seinem eigenen Gebaren von fröhlich auf gedrückt um. Ich war auf dem Weg zu dem Gehege, in dem er sich befand, und als ich um eine Ecke bog, erblickte er mich. Ich war traurig, zeigte es jedoch nach außen hin nicht so, daß irgendein Mensch in meiner Umgebung es bemerkt hätte, aber der Hund sah sofort, daß etwas nicht stimmte. Über die große Entfernung hinweg starrte er mich einen Moment lang an, wie um sicherzugehen, daß er auch wirklich sah, was er zu sehen meinte, und ließ dann, als er offenbar feststellte, daß sein erster Eindruck richtig gewesen war, sichtlich den Kopf hängen. Ich war so beeindruckt von seinem Scharfsinn, daß sich meine Laune besserte – und die seine auch!

Genauso beeindruckte mich eine Katze, Lilac, die ich eines Abends nach Hause trug, als mir unterwegs einfiel, auf einem nahegelegenen Feld nachzusehen, ob dort vielleicht Rehe ästen. Ich muß mich, als ich auf das Feld zuging, ein wenig angespannt haben und vielleicht ein wenig leiser aufgetreten sein, auf jeden Fall spürte Lilac eine Veränderung, erkannte sie augenblicklich als Vorspiel zum Jagen und beugte sich vor, die Ohren aufgestellt, die Augen weit aufgerissen, die Krallen in meinen Arm gestochen, bereit anzuspringen, was ich da auch immer beschlich.

Eine Bemerkung noch zum Problem der Anthropomorphisierung: Ich schreibe unter anderem über das Lächeln von Hunden. Alle Hunde lächeln, das heißt, ihre Gesichter werden freundlich und entspannt, mit flachliegenden Ohren, halbgeschlossenen Augen, weichen, geöffneten Lippen und erhobenem Kinn. Das ist ein Hundelächeln. Einige Hunde ahmen allerdings auch das menschliche Lächeln nach und «vermenschlichen» sich damit selber. In Gegenwart von Menschen ziehen diese Hunde die Lippen grotesk weit zurück, um die Zähne zu blecken, so daß sie das gleiche Gesicht machen wie wir. Gleichzeitig drehen sie sich vielleicht auch noch auf den Rücken, um unterwürfig ihren Bauch darzubieten, ein Zeichen dafür, daß sie ganz genau verstehen, was unser Lächeln bedeutet.

Anthropomorphismus, die Projektion menschlicher Eigenschaften auf den Hund, kann uns auch helfen, den Akt des Bauchdarbietens zu deuten – den Akt, der die Unterwerfung des Welpen unter erwachsene Hunde symbolisiert. Damit sagen uns Hunde: *Tut mit uns, was ihr wollt, denn in eurer Gegenwart sind wir nur hilflose Welpen!* Zum Verständnis dieses Akts können wir die menschliche Parallele heranziehen: die Art, wie sich viele religiöse Menschen – Christen zum Beispiel – Gott gegenüber verhalten. Wir nennen Gott Vater und uns seine Kinder. Wenn wir zum Gebet niederknien, machen wir uns damit kleiner, so daß wir eher wie Kinder aussehen. Unsere Andachtsstellung mit emporgewandtem Blick deutet an, daß wir Gottes Knie umfassen und zu ihm aufsehen, als stände er uns gegenüber, sähe direkt auf uns herab und befinde sich nicht, sagen wir mal, fernab am Horizont. Mehr noch: Wie viele von uns zu festen Zeiten beten, etwa morgens nach dem Aufstehen oder abends beim Zubettgehen, so vollziehen auch viele Hunde ihr Unterwerfungsritual zu ganz bestimmten Tageszeiten. Der Hund meines Mannes zum Beispiel hat entschieden, seinem Herrn morgens, unmittelbar nachdem beide aufgestanden sind, seinen Bauch zu zeigen. Wieso? Niemand weiß es genau, aber inzwischen erwarten es beide.

Denken Hunde, wir seien Gott? Wahrscheinlich nicht. Aber so wie wir Gottes Tun geheimnisvoll finden, so finden Hunde unser Tun geheimnisvoll und launenhaft, oft aus sehr gutem Grund. Die Tierschutzvereine exekutieren täglich Tausende von

Hunden, die ihr ganzes Leben lang alles getan haben, um es ihren Besitzern recht zu machen. Diese Hunde werden umgebracht, nicht weil sie böse wären, sondern weil sie ihren Besitzern unbequem sind. Wie wir Gott mehr brauchen, als er uns braucht, so brauchen Hunde uns mehr als wir sie, und sie wissen es.

Auf den folgenden Seiten versuche ich, das Leben einer Gruppe von elf Hunden, fünf Rüden und sechs Hündinnen, aufzuzeichnen. Fünf dieser Hunde wurden nicht nur in unserem Haus, sondern unmittelbar neben mir auf meinem Bett geboren, und zehn von ihnen verbrachten ihre ganze Lebenszeit bei uns, so daß ich einen großen Teil dessen, was ihnen zustieß, miterleben konnte. Ich wollte herausfinden, was sie tun würden, wenn man sie frei über ihre Zeit verfügen und selbst entscheiden ließe. Das soll jedoch nicht heißen, daß ich ein wissenschaftliches Experiment oder mehr als eine zwanglose (wenn auch ausgedehnte) Beobachtung angestellt hätte. Ebensowenig kann ich behaupten, die Hunde hätten sich völlig natürlich verhalten können, da ich ihr Umherstreunen und ihre Fortpflanzung in begrenztem Umfang kontrollierte. Da unerwünschte Würfe eine Menge Leid verursachen, wurden die Hündinnen sterilisiert, zwei, ohne geworfen zu haben, drei nach einem Wurf und eine nach zwei Würfen.

Dennoch wurden 22 Junge geboren. Sechs starben vor Erreichen des Erwachsenenalters. Von den Überlebenden behielten wir fünf und trennten uns von elf, die sämtlich von Menschen ausgewählt wurden, die wir persönlich kannten. Ich verschenkte die Jungen, da ich überzeugt bin, daß Hunde zwar Sklaven sind, es aber dennoch unrecht ist, sie zu verkaufen. Ich hatte mir vorgenommen, Verbindung zu den weggegebenen Jungen zu halten, um ihr Wohlergehen so lange wie möglich sicherstellen zu können, was mir bei neun von ihnen auch gelang. Von diesen verschwand eines, und zwei starben mit etwa einem Jahr, das eine wurde von einem Auto überfahren, das andere wegen eines spät entdeckten Geburtsfehlers eingeschläfert. Soviel ich weiß, blieben fünf Welpen in ihrem ersten Zuhause, und einer wechselte in ein zweites.

Den Hunden, die bei mir blieben, gab ich Nahrung, Wasser und Obdach, machte aber nach Beginn meines Projekts keinen Versuch mehr, sie zu erziehen, weder zu Stubenreinheit noch zum Herkommen auf Befehl. Das war nicht nötig. Die jungen Hunde ahmten die alten nach, was in ihrem Fall zu perfekter Stubenreinheit führte, und alle Hunde kamen meist von sich aus, wenn man sie rief, und verweigerten dies nur, wenn unsere Wünsche mit etwas kollidierten, das ihnen außerordentlich wichtig war. Ein Hund, der die Freiheit hat, eine solche Unterscheidung zu machen, zeigt an einem einzigen Tag mehr von seinem Denken und Fühlen als ein dressierter, hyperdisziplinierter Artgenosse in seinem ganzen Leben.

Ich rechne eine Stunde, in der ich einem Hund zusehe, als eine Beobachtungsstunde, und eine Stunde, in der ich zwei Hunden zusehe, als zwei Beobachtungsstunden. Nach dieser Zählweise komme ich seit Beginn meines Projekts auf weit über 100 000 Stunden, von denen jede einzelne faszinierend gewesen ist. Ich werde immer mit Hunden leben und sie immer beobachten, so daß unsere Arbeit weitergeht.

*I*ch habe rein zufällig begonnen, Hunde zu beobachten. Als Freunde für sechs Monate nach Europa gingen, nahm ich ihren Husky, Misha, in Pflege. Misha, ein umgänglicher, zweijähriger Sibirier mit langen, schlanken Beinen und kurzem, dickem Fell, konnte die meisten Zäune überspringen und war es gewohnt, ungehindert umherzustreifen. Über unseren Zaun sprang er noch am Tag, als ich ihn aufnahm. An unserem Wohnort Cambridge, Massachusetts, und auch in den meisten umliegenden Gemeinden war es vorgeschrieben, Hunde an der Leine zu führen. Da Misha diese Vorschrift verletzte, erhielt ich immer wieder Klagen über ihn, manche aus mehr als zehn Kilometern im Umkreis, und mit ihrer Hilfe gelang es mir bald zu errechnen, daß Misha sich auf einem Areal von ungefähr 330 Quadratkilometern bewegte. Das war jedoch nur ein vorläufiges Heimatgebiet, das er später noch erheblich ausweitete. Doch ist interessant zu wissen, daß schon das erste Aktionsfeld des jungen Misha viel größer war als die Gebiete der herrenlosen Hunde in Baltimore, von denen der Verhaltenswissenschaftler Alan Beck berichtet. Becks Stadtstreuner beanspruchten nur sehr kleine Gebiete von einem Viertel bis eineinhalb Quadratkilometern. Dagegen reichte Mishas Gebiet eher an die 500- bis 1300-Quadratkilometer-Reviere von Wölfen heran, vor allem von denen, die Adolph

Murie in *The Wolves of Mount McKinley* und L. David Mech in *The Wolves of Isle Royale* untersuchten. Was machte Misha?

Offenbar etwas Ungewöhnliches. Hier war ein Hund, der trotz seiner Jugend fehlerlos navigieren konnte und bei Tag und bei Nacht den Weg in alle Winkel der Stadt und wieder zurück fand. Hier war ein Hund, der gefährlichem Verkehr auswich und es verstand, Polizei und Hundefängern, die zu der Zeit die florierenden Laboratorien von Cambridge mit Versuchstieren versorgten, aus dem Weg zu gehen. Hier war ein Hund, der nie im Eis des Charles River einbrach, ein Hund, der die von manchen Bürgern gegen Ratten, Waschbären und sonstige Müllfledderer ausgelegten Giftköder nicht anrührte, ein Hund, dem andere Hunde nie ein Haar krümmten. Misha kehrte immer gutgelaunt von seinen Fahrten zurück, bereit für eine leichte Mahlzeit und ein Schläfchen, bevor er von neuem aufbrach. Wie machte er das?

Eine Zeitlang suchte ich eine Antwort in Zeitschriften und Büchern, indem ich auf die reichhaltigen Bibliotheken in Harvard zurückgriff und alles Erreichbare über Hunde las, um zu sehen, ob das Licht der Wissenschaft nicht schon an irgendeiner Stelle in diesen dunklen Winkel hineingeleuchtet hätte. Aber ich fand nichts. Trotz eines Riesenaufgebots von Publikationen über Hunde hatte sich praktisch niemand, weder Naturwissenschaftler noch Laie, je Gedanken darüber gemacht, was sie tun, wenn man sie sich selbst überläßt. Die paar Studien über freilaufende Hunde betrafen verwilderte, ausgesetzte oder herrenlose Tiere. Allein in einer feindseligen Umgebung, standen diese verlassenen Kreaturen sicher unter furchtbarem Streß. Sie lebten ja nicht unter Bedingungen, die ihrer Natur angemessen waren, genausowenig wie wilde Tiere in Gefangenschaft, die man in Laboratorien oder Zoos einsperrt. Wie mochten sich Hunde verhalten, die man unter normalen Lebensumständen in Ruhe ließ? Augenscheinlich hatte das bisher noch niemand wissen wollen.

Daß sich die Naturwissenschaft nicht mit dieser Frage beschäftigt hat, erschien mir zunächst höchst erstaunlich. Aber ist es das wirklich? Wir studieren Tiere meist der Erkenntnisse wegen, die sie uns über uns selbst liefern, oder der Fakten wegen, die wir verwerten können. Die wenigsten von uns interessieren sich darüber hinaus für die Aspekte tierischen Lebens, die mit uns nichts zu tun haben. Aber Hunde? Hunde haben etwas mit uns zu tun. Sie teilen unser Leben seit zwanzigtausend Jahren. Wie haben wir es bloß fertiggebracht, so wenig über Hunde in Erfahrung zu bringen, daß wir die einfachste Frage nicht beantworten können: Was wollen sie?

Unsere Ignoranz ist noch sträflicher, wenn man bedenkt, daß kein Tier leichter zu erforschen ist. Anders als wilde Tiere fürchten Hunde uns nicht. Um sie zu studieren, brauchen wir nicht in ihren Lebensraum einzudringen oder sie in unserem einzusperren – unsere Welt *ist* ihr natürlicher Lebensraum und ist es seit jeher gewesen. Mehr noch: Da ihre wilden Vorfahren nicht Hunde, sondern Wölfe waren, haben Hunde überhaupt nie als wilde Spezies existiert. Vom ersten Tag an, seit es Hunde gibt, hatten wir die Gelegenheit, Hunde zu beobachten, eine Gelegenheit, die wir größtenteils in den Wind schlugen. So fand ich eines schönen Abends, neben mir auf dem Sofa zusammengerollt, ein geheimnisvolles Geschöpf: einen umgänglichen Hund mit einem Eigenleben, einem Leben, das er in keiner Weise zu verbergen suchte und zugleich mit all der Kompetenz eines wilden Tiers führte, nicht mit der Unterstützung von Menschen, sondern ihnen zum Trotz.

Eines Abends stand er auf und streckte sich, zur Vorbereitung auf die Reise: Zuerst stemmte er die Hinterbeine gegen den Boden und streckte sich nach hinten, den Kopf gebeugt, den Steiß hochgereckt, um die Schultermuskeln zu straffen. Dann hob er den Kopf und senkte die Hüften, um Rückgrat und Hinterläufe zu dehnen. Dabei ballte er sogar die hinteren Pfoten zu Fäusten, so daß er sich bis in die Zehen hinein spannte. Endlich bereit, ging er ruhig auf die Tür zu, damit ich sie wie üblich für ihn aufmachen konnte. Doch da, als sich unsere Augen trafen, hatte ich eine Eingebung. Misha selbst würde mir meine Fragen beantworten. Direkt vor mir gab es ein lang übersehenes Tor zum Tierreich, das offenbar nur darauf wartete, aufgestoßen zu werden. Misha hatte den Schlüssel.

Wer hätte dem Reiz dieser Vorstellung widerstehen können? Kein Geld, keine Reisen, keine Ausbildung, keine besonderen Instrumente waren nötig, um dem Rätsel auf den Grund zu gehen – man brauchte nur einen Hund, ein Notizbuch und einen Stift. Ich bedauerte noch nicht einmal, daß ich keinerlei formale Ausbildung besaß, um ein solches Projekt zu beginnen. Da kein Biologe je angedeutet hatte, er wisse oder er frage sich zumindest, was gewöhnliche Hunde wollen, erschien mir meine Ignoranz schon beinahe als Qualifikation. Auf jeden Fall spürte ich, daß ich nicht lange unwissend bleiben würde. Ich drehte das Licht aus, so daß die Nachbarn, wenigstens dieses Mal, nicht sähen, daß ich den Leinenzwang übertrat, und öffnete die Tür einen Spalt weit. Hinaus schlüpfte Misha, ich unmittelbar hinter ihm, und so fing unser Projekt an.

Wieder und wieder gingen wir hinaus, fast zwei Jahre lang mindestens zwei- oder dreimal pro Woche, und wir hörten auch nicht auf, als Mishas Besitzer zurückkamen und ihn wieder zu sich holten, denn bis dahin hatte Misha die Arbeit liebgewonnen, die wir zusammen machten, und wollte sie nicht wieder aufgeben. Mich abzuholen fiel ihm nicht schwer – an seinem Wohnort gab es damals noch keinen Leinenzwang, so daß er einfach am Abend, nachdem seine Besitzer ihn hinausgelassen hatten, über ihren Zaun sprang und zwei Städte durchquerte, um mich aufzusuchen. Meist kam er nach Einbruch der Dunkelheit an. Im Licht unserer Vorderveranda sah ich ihn dann auf der Straße stehen und zu unseren Fenstern hochschauen wie ein Kapitän, der nach einem Matrosen Ausschau hält. Ich schaltete dann jedesmal das Verandalicht aus und hielt verstohlen die Tür auf, so daß Misha hereinschlüpfen konnte, um rasch meine Familie und auch seine eigene Familie zu besuchen, denn inzwischen hatte er den Husky meiner Tochter, die schöne Maria, geheiratet und gab einige seiner Fertigkeiten an die vier Kinder weiter, die er mit ihr hatte. Schließlich aber stand er auf dem Sprung, um wieder aufzubrechen, und schaute über die Schulter zurück, wer von uns mit ihm auf Fahrt gehen würde. Maria wollte immer, und wenn ich nicht selbst mitging, ließ ich sie Misha begleiten. Die Frage war, sie oder ich, nie wir beide zusammen, denn wenn Maria und Misha zusammen waren, liefen sie schnell und warteten nicht auf mich. Manchmal nahm ich Maria an die Leine, was uns alle zusammenhielt, aber meist ging ich einfach allein mit Misha. Hundegeheimnisse enthüllten sich mir, eins nach dem anderen, durch eine Folge von Abenteuern, von denen manche gefährlich, aber alle interessant waren. Misha war Odysseus, und Cambridge war das rebendunkle Meer.

*D*ie erste vielleicht wichtigste, vielleicht sogar interessanteste Frage konnte ich nie lösen. Das war die Frage nach Mishas Navigationskünsten. Sicher, er hatte sich schon lange, bevor ich daran dachte, ihn zu begleiten, durch die Straßen von Cambridge bewegt und sich dabei wahrscheinlich einige Wegmarken eingeprägt. Doch manchmal schien er sich nicht an Wegmarken zu orientieren, wenigstens nicht an denen, die er auf dem Herweg benutzt hatte, denn wenn er sein Ziel erreicht hatte, nahm er womöglich eine ganz andere Route nach Hause. Richtete er sich nach den Sternen oder nach dem Sonnenstand? Sah er polarisiertes Licht? Hörte er wie eine Brieftaube den vom Atlantischen Ozean hervorgerufenen Infraschall, so daß er immer wußte, auf welcher Seite Osten war? Benutzte er zur Orientierung Gerüche in der Luft, so wie Fische den Geschmack von Strömungen im Meerwasser? Ich wußte es nicht und erfuhr es auch nicht, als ich sein sicheres Traben, sein zuversichtliches Verhalten beobachtete. Die Sache genauer zu ergründen hätte ein Experiment erfordert – ihm etwa die Augen zu verbinden und ihn dann von einem entfernten Ausgangspunkt aus auf den Weg zu schicken. Doch das entsprach nicht dem Wesen unserer Beziehung.

Zwei Dinge lernte ich aber doch über Mishas Orientierungsfähigkeit. Das erste war, daß seine Künste wahrscheinlich nicht, oder nicht nur, angeboren waren, denn sonst hätten andere Huskys sie ebenfalls haben müssen. Ich kannte aber Sibirische Huskys, die nicht navigieren konnten. Einer war Mishas Frau, Maria. Wenn sie zusammen unterwegs waren, bestimmte Misha die Route, was nicht leicht war, denn die junge, schnell begeisterte Maria sprang, oft in der falschen Richtung, in großen Sätzen vor ihm her, so daß er sie immer wieder zurückholen mußte. Er mußte sie anspringen und buchstäblich in die Schulter boxen, um sie zum Umkehren zu bewegen. Wenn sie sich nach alldem noch immer nicht in die gewünschte Richtung wandte, gab er auf und folgte ihr.

Manch andere Hündin hätte sich gehorsam führen lassen, doch Misha hatte Maria ein wenig verwöhnt, er ermunterte sie zu tun, was sie wollte, selbst wenn er wußte, daß es verkehrt war. Er war fraglos der Stärkere von beiden und hätte ohne weiteres dominant sein können, aber er war vernarrt in sie. Er ließ ihr in allem den Willen, was sie zu entzücken schien. Die Folge war allerdings, daß Maria nie lernte, sich allein zurechtzufinden.

Die Hunde waren darin wie zwei Menschen in einem Auto: Der Fahrer wird leichter und gründlicher mit der Strecke vertraut als der Beifahrer. In späteren Jahren, als Misha nicht mehr da war, um ihr den Weg zu zeigen, verirrte Maria sich auf ihren Streifzügen jedesmal. Selbst wenn sie mit ihrer angenommenen Tochter Fatima loszog, einer Dingo-Spaniel-Kreuzung, die ausgezeichnet navigieren konnte, verirrten sie sich. Wieso? Weil Maria in der Hierarchie ihrer Gruppe ganz oben stand, die eine Generation nach ihr geborene Fatima aber fast ganz unten, und wenn Fatima mit Maria unterwegs war, bestand Maria darauf zu führen. Dominant, aber schlecht im Bilde, vermasselte Maria die Sache oft. Doch sie war nicht dumm, auch wenn sie nicht navigieren konnte. Sobald sie erkannte, daß sie sich verirrt hatte, wandte sie sich nicht etwa um Rat an Fatima, sondern setzte sich einfach auf einer fremden Türschwelle nieder. Fatima setzte sich gehorsam neben sie, und am Ende erschien ich in einem Wagen, um beide nach Hause zu fahren. Natürlich hatten die Leute, deren Haus Maria sich ausgesucht hatte, ihre Kennmarke gelesen und mich angerufen, aber die genauen Einzelheiten meines Kommens interessierten Maria nicht. Ihre treue Tochter im Schlepptau, kroch sie ins Auto wie eine Frau, die sich nach einer Einkaufstour erschöpft ins Taxi fallen läßt – stets zum Erstaunen ihrer Wohltäter, die im Glauben, ein verirrter Hund sei ein verängstigter Hund, erwartet hatten, Maria würde bei meinem Anblick in einen Freudentaumel ausbrechen.

Als zweites lernte ich über Mishas Fähigkeit zu navigieren, daß seine Technik, mit der er sich in der Stadt tadellos zurechtfand, auf dem Land nicht unbedingt funktionierte, vor allem, wenn er nicht selbständig zum Startpunkt gelangt war. Von meinem Haus in Cambridge wanderten er und Maria manchmal allein bis ins 32 Kilometer entfernte Concord und kehrten ein paar Tage später, manchmal mit Rehhaaren im Kot, wohlbehalten zurück. Nahm ich die Hunde aber mit, wenn ich Verwandte in New Hampshire oder auf Nantucket besuchte, und gingen die Tiere dann los, gelang es Misha nicht immer, Maria zum Haus meiner Verwandten zurückzubringen. Vielleicht hatte er in der ungewohnten Umgebung weniger Zutrauen zu sich und ließ der unbegabten Maria die Führung. Woran es auch immer lag, wenn sie sich auf dem Land verirrten, griffen sie zu Marias Methode, um nach Hause zu kommen, und warteten auf irgendeiner Türschwelle, bis ich im Auto vorfuhr.

Was Misha noch auszeichnete, war seine kluge Taktik im Verkehr. Cambridge ist mit ein paar der schlechtesten Autofahrer der Nation geschlagen, aber keinem Auto gelang es, den Husky auch nur zu streifen, der die Straßen nach ihrem Verkehrsaufkommen wie ein Stadtplaner in vier Klassen eingeteilt hatte und sich in jeder anders verhielt. Die schlimmsten Gefahrenzonen waren die, wo sich in verschiedene Richtungen gehender Verkehr staute, etwa am Central, Porter oder Harvard Square. Diesen Punkten wich Misha völlig aus. Wenn er es doch für nötig befand, auf die andere Seite eines dieser Plätze zu gelangen, umging er sie in großem Bogen. Die zweite Kategorie bestand aus ein paar Highways wie dem Alewife Parkway oder dem Memorial Drive, deren dichter Strom schnell fahrender Autos für Hunde besonders gefährlich ist, nicht nur, weil man wegen Tötung eines Hundes weder juristisch noch moralisch belangt wird, sondern weil Hunde sich dicht am Erdboden bewegen, wo die Autofahrer sie nicht sehen können. Misha konnte den Highways nicht aus dem Weg gehen, ohne seine Bewegungsfreiheit einzuschränken; also nahm er eine demütige Haltung an und näherte sich den Autos mit Diplomatie und Takt, um sie zu beschwichtigen.

Es überrascht vielleicht nicht, daß viele Hunde Autos behandeln, als ob sie lebende

Wesen wären. Hunde, die Autos hetzen, betrachten diese offenbar als große, störrische Huftiere, die dringend Disziplin und die Aufsicht eines Hirtenhundes brauchen, so daß die Hunde unwillkürlich versuchen, sie unter Kontrolle zu bringen. Misha jagte Autos nicht. Als Husky trug er nicht schwer an dem langen Domestikationsprozeß seiner Spezies und fühlte keinen Drang, dem Menschen zur Hand zu gehen. Er verstand jedoch sehr wohl, daß Autos enorm gefährlich werden konnten, vor allem, wenn sie mit soviel wütendem Eigensinn daherkamen wie auf den Highways mit vorgeschriebener Mindestgeschwindigkeit. Also zollte er ihnen Respekt. Demütig stand Misha am Rand des Highways, mit hängendem Kopf und Schwanz, die Augen halb geschlossen, die Ohren höflich angelegt. Hätten die Autos ihn sehen können, hätten sie gemerkt, daß er ihre Autorität nicht anfocht.

Aber sobald die Autos weniger wurden, verschwand Mishas Demut. Seine Ohren richteten sich auf, seine Rute desgleichen, und er sprang, ein Bild absoluten Selbstvertrauens, mit großen Sätzen zwischen ihnen hindurch. Er flitzte über den Highway und ging dann fröhlich seiner Wege. Nie, solange ich ihn beobachtet habe, hörte ich je Reifen quietschen. Manchmal verlor er mich jedoch am Rand. Ich hatte weder seinen Mut noch seine Geschwindigkeit, noch sein Geschick und mußte gewöhnlich viel länger warten, bis die Verkehrsverhältnisse mir das Überqueren der Fahrbahn erlaubten. Wenn wir durch endlose Autokolonnen getrennt wurden, wartete Misha eine Weile auf der anderen Seite auf mich, aber wenn ich nicht kam, nahm er früher oder später an, ich hätte das Interesse verloren, und zog allein weiter. Ihn zurückzurufen kam mir nicht in den Sinn – ich konnte ihm doch nicht zumuten, sich meinetwegen noch einmal in Gefahr zu bringen. Statt dessen ging ich, wenn wir getrennt wurden, einfach wieder nach Hause. Dort konnte er mich immer wiederfinden, wenn seine Reiselust eine Zeitlang abflaute.

Mishas dritte Kategorie umfaßte die Hauptgeschäftsstraßen der Innenstadt. Cambridges berühmte Brattle Street ist ein sehr gutes Beispiel, vor allem, weil Misha diese Straße häufig als Schneise durch das Stadtzentrum benutzte. Genaugenommen benutzte er ihren Gehweg auf seinen Streifzügen von einer Nachbarschaft in die andere, ganz so, wie es auch ein menschlicher Fußgänger tun würde. Beim Übergang über Querstraßen wandte Misha jedoch eine bessere und intelligentere Methode an als seine menschlichen Pendants. Anders als wir ging er nicht an der Ecke über die Straße. Statt dessen bog er in die Querstraße ein und wechselte erst nach etwa fünf Metern auf die andere Seite, worauf er auf dem Gehweg um die Ecke bog und dann auf dem Gehweg der Brattle Street seinen Weg fortsetzte. Dieses Manöver leuchtete mir erst nicht ein, obwohl Misha sich nie anders fortbewegte. Doch dann erkannte ich die Vorzüge dieser Technik und übernahm sie von da an. Warum ist Mishas Methode sicherer? Weil die Autos direkt an der Kreuzung aus vier verschiedenen Richtungen kommen, ein Stück weiter aber nur aus zweien. Wenn man in der Mitte der Häuserzeile über die Straße geht, riskiert man nicht so leicht, von einem einbiegenden Wagen angefahren zu werden. Seit ich mir Mishas Kreuzungs-Umgehungstaktik abgeschaut habe, ist mir aufgefallen, daß fast alle freilaufenden Hunde so vorgehen, außerdem Menschen, die besonders viel Zeit zum Überqueren der Straße brauchen oder deren Sicherheit von ihrem Gehör abhängt. Manche Blinde zum Beispiel machen es genauso.

Sicherheit war jedoch nicht Mishas einzige Sorge. Gewöhnlich steht ein Baum oder Laternenpfahl, ein Briefkasten oder ein Feuerhydrant unmittelbar hinter der Häuserflucht an der Stelle, wo ein reisender Hund gern die Straße überquert. Für Hunde haben diese Objekte die Funktion eines Gasthauses an der Furt eines Flusses, ein Ort, wo die Wanderer von einst notgedrungen einkehrten, und deshalb ein guter Platz, um eine Botschaft oder ein Signal zu hinterlassen. Misha besuchte solche Fixpunkte, und nach sorgfältiger Prüfung drehte er sich um und hob das Bein. Für die meisten Hundebesitzer ist das ein sehr vertrauter Anblick. Praktisch alle Rüden markieren Dauereinrichtungen (oder was sie dafür halten), wenn sie sich durch eine Straße bewegen. Manchmal brachte Misha wiederholt Duftmarken an, indem er ein wenig Urin abschlug, seinen Fleck begutachtete und wieder Urin abschlug, manchmal nicht weniger als fünf- oder sechsmal, bevor er befriedigt war und bereit weiterzugehen. Gelegentlich drehte er seinen Körper um die eigene Achse, bis sein Bauch nach oben zeigte, während er auf Zehenspitzen stand, um seine Marke fast drei Fuß hoch über dem Boden anzubringen. Doch auch solche sehr hoch gelegenen Marken befriedigten ihn nicht immer. Wenn sie ihm nicht gefielen, drehte er sich um und streckte sich noch mehr, so daß er seine Marke bei der nachfolgenden Prüfung auf seiner eigenen Augenhöhe oder noch höher vorfand.

Was bedeutete das? Sicherlich mehr als nur das Leeren der Blase. Wenn Misha nur die Blase leeren wollte, dann machte er sich nicht die Mühe, das Bein zu heben, sondern knickte, um sich nicht die Hinterpfoten naß zu machen, leicht in den Knien ein und ließ seinen Urin nach Welpenart auf den Boden rinnen. War Mishas Beinheben ein Versuch, sein Revier zu markieren? Das war natürlich die landläufige Erklärung, eine Erklärung, die ich vor Beginn meiner Beobachtung als Tatsache akzeptiert hatte. Also führte ich Buch über all die Stellen, die Misha benetzte, um herauszukriegen, was er als seinen Besitz betrachtete. Das führte jedoch bald zu einem unübersehbaren Datenwust, demzufolge Mishas angebliches Revier praktisch überall da war, wo er sich bewegte. Doch war das möglich? Würde ein so gewitzter Hund wie Misha nicht einen gewissen Unterschied zwischen seinem Heimatgebiet und entfernten Orten machen? Würde er sich nicht da, wo er zu Hause war, anders verhalten als in einem entfernten Bezirk, den er vielleicht nur ein einziges Mal besuchte? Tatsächlich hob Misha immer mehr oder weniger gleich das Bein, egal, wie weit weg von zu Hause er sich auch befinden mochte.

In den Wohnstraßen änderte sich Mishas Gebaren. Hier traf er keine Vorsichtsmaßnahmen gegen Autos und benutzte nie den Gehweg, sondern hielt sich kühn und zielstrebig in der Mitte der Straße, die Augen voraus, Kopf und Ohren vorgestreckt, den Schwanz erhoben, ein Bild wacher Selbstsicherheit. Selbst wenn er an eine Kreuzung kam, änderte er seine Haltung nicht, sondern behielt weiter die Straße vor sich im Auge. Das Problem war nur, daß er die aus der Querstraße auf ihn zufahrenden Autos nicht sehen konnte. Doch wunderbarerweise entkam er ihnen immer. Wie machte er das?

Ich hätte es vielleicht nie erfahren, wenn seine beiden Ohren so gewesen wären wie die der meisten anderen Huskys, nämlich steif und aufgerichtet. Aber das waren sie nicht. Die Spitze seines linken Ohrs war weich, und wenn Misha entspannt trabte, hüpfte sie auf und ab. Wenn er wachsam und gespannt war oder etwas Wichtiges bemerkte oder dachte, schnellte die Spitze seines linken Ohrs jedoch empor und stand ebenso steif ab wie die Spitze seines rechten Ohrs. Eines Tages, als ich Misha auf dem Fahrrad, mit dem ich inzwischen meine hundekundlichen Studien betrieb, eine Seitenstraße hinunter folgte, sah ich sein linkes Ohr steif werden, als er sich einer Kreuzung näherte. Seiner Gewohnheit entsprechend wandte er die Augen nie von der vor ihm liegenden Straße, doch je näher er der Kreuzung kam, desto mehr versteiften sich seine beiden Ohren und drehten sich nach außen, bis sie nach der Seite zeigten. Als er sich anschickte, über die Kreuzung zu laufen, was er stets ohne Änderung der Geschwindigkeit oder ein Abschweifen des Blicks tat, bewegten sich seine Ohrmuscheln in Richtung der Querstraße auf und ab. Sollte ein Auto kommen, würde er es hören. Mehr noch, sein Gehör würde ihm nicht nur die Geschwindigkeit des herannahenden Autos, sondern auch seine Position melden. Um nicht angefahren zu werden, brauchte Misha also nicht mehr zu tun, als seinen Schritt zu beschleunigen oder zu verlangsamen, um entweder vor dem Auto über die Kreuzung zu kommen oder es passieren zu lassen. Die Straße vor sich keine Sekunde aus den Augen lassend, ohne einen einzigen Blick auf das, was er von der Seite kommen hörte, trabte Misha locker über die Kreuzung und strahlte dabei kühle Selbstsicherheit aus.

Warum sah er nicht nach den Autos? Weil er seine Augen brauchte, um das Geschehen auf der anderen Seite der Kreuzung zu überwachen. Dort verließen, im Vorgefühl von Mishas Ankunft, alle freilaufenden Hunde ihre Höfe und Veranden und rannten auf die Straße. Für sie wollte Misha bereit sein. Er wollte sie sehen, bevor sie ihn sahen, so daß er sich innerlich auf die Begegnung mit ihnen vorbereiten konnte. Unvermeidlich kam das vorderste Tier mit hochgestrecktem Schwanz und aufgestellten Ohren auf Misha zu. Wenn es etwa auf zehn Meter herangekommen war, verringerte Misha sein Tempo und bewegte sich steifbeiniger vorwärts, seine Aufmerksamkeit ganz auf diesen anderen Hund konzentriert, und Schritt für Schritt gingen die beiden aufeinander zu.

Dann wölbte sich Mishas Nacken hoch, und seine Rute richtete sich auf. Der andere Hund stand still, um Misha zu begrüßen. Misha näherte sich rasch und steif, bis beide schräg voreinander standen, den Kopf am Hals des anderen. Misha wandte gewöhnlich den Kopf ab, um seitlich in das Auge des fremden Hundes zu blicken, der ihn meist direkt, aber fragend ansah und dann den Kopf etwas wegwandte. Während dieser Begegnungen trug Misha die Rute hoch und hielt seine Ohren nach vorn gerichtet, das Haar seiner Mähne leicht aufgestellt. Wenn der andere Hund versuchte, Mishas Leistengegend oder seinen Anus zu untersuchen, sprang Misha mit den Hinterbeinen seitwärts, um der Inspektion zu entgehen. Schließlich machte er seine abschließende Geste: Er stellte sich mit steif aufgerichtetem Nacken quer zu dem anderen Hund, so daß seine Nase von oben her fast die Nackenhaare des anderen berührte. Erst danach wechselte er manchmal erneut die Stellung und erlaubte dem anderen Hund, ihn zu untersuchen.

Jeder hat schon einmal ein solches Zusammentreffen beobachtet. Manchmal stößt, genau in dem Augenblick, in dem die Spannung sich zu lösen scheint, ein Hund den anderen mit den Hüften. Der andere Hund reagiert vielleicht nicht sichtbar, und das Einanderumkreisen geht weiter, doch manchmal wankt der Gestoßene leicht, legt die Ohren an und senkt den Schwanz ein wenig. Kein Mensch weiß genau, was dieser Hüfttest den Beteiligten sagt, aber wahrscheinlich spüren die Hunde dabei die Masse des anderen. Jedenfalls erleichtert der Test es ihnen offenbar, zu einer Übereinkunft zu kommen. Sie trennen sich meist kurz danach, und jeder geht seiner Wege. Ganz unauffällig unterzog Misha jeden Hund, der ihn kennenlernen wollte, dem Hüfttest und verließ diese Begegnungen stets mit erhobenem Schwanz, einem Zeichen der Überlegenheit über den anderen Hund, der mit gesenktem Schwanz daraus hervorging. Danach forderte Misha den anderen, oder der ihn, vielleicht zum Spielen auf, und die beiden tollten kurze Zeit herum. Misha lud den Fremden vielleicht ein, ihm zu folgen, indem er weitertrabte und sich dabei nach dem anderen Hund umsah.

Stets pragmatisch, machte sich Misha nie die Mühe, kleine Artgenossen zu umkreisen, sondern lief einfach an ihnen vorbei oder sprang über sie hinweg, und er umkreiste auch nie sehr große Hunde, bei denen er so tat, als sähe er sie nicht. Jeder wußte doch, daß er den Winzlingen überlegen war, und offensichtlich wollte er niemanden darauf aufmerksam machen, daß sich die Riesen ihm vielleicht als physisch überlegen erweisen würden. Statt dessen konzentrierte er sich auf Hunde, deren Gewicht sich nicht um mehr als zehn bis fünfzehn Pfund von dem seinen unterschied (eine Größenordnung, die mehr als 90 Prozent der Artgenossen einschloß, denen er begegnete), und umkreiste sie, um seine Überlegenheit zu beweisen. Er gab sich länger mit den Rüden als mit den Hündinnen ab, die meist weniger entgegenkommend waren und Misha oft nur gerade so lang umrundeten, bis sie sein Geschlecht und seine Einstellung erkundet hatten, bevor sie sich zurückzogen. Aber welchem Geschlecht auch immer der Herausforderer angehörte, sobald die Begegnung beendet war, setzte Misha mit unangefochtenem Überlegenheitsanspruch seinen Weg durch die Straße fort, um bei jedem Hund, der nicht vor ihm zurückwich, exakt dasselbe Verhalten zu wiederholen. Immer weiter zog er auf langen geraden Routen durch die Stadt und drang, kaum daß er seine Geschäfte in einem Wohnviertel abgeschlossen hatte, schon in das nächste ein, wo er wieder, Kühle ausstrahlend, alle Interessierten umkreiste.

Zunächst betrachtete ich diese Begegnungen mit anderen Hunden als zusätzliches Hindernis auf Mishas Reisen, als ein Problem ähnlich wie Navigation und Verkehr, das er lösen mußte, um sein Ziel zu erreichen. Also folgte ich ihm geduldig von Nachbarschaft zu Nachbarschaft, wurde aber immer ratloser, weil er offenbar nie fand, was er suchte. Ich hatte mir zwar schon gedacht, daß Misha nicht auf Gesellschaft aus war – er hielt sich bei keinem der ortsansässigen Hunde länger als einen Augenblick auf, und außerdem hatte er ja seine eigene Gruppe bei uns zu Hause, seine treue Frau, Kinder und zwei andere Hunde, beides Möpse, die sich ihm wegen ihrer geringen Größe von Anfang an untergeordnet hatten und ihm auf dem Fuße folgten, wenn wir alle zusammen spazierengingen. (Dazu brauchte ich nur Mishas Frau, Maria, an die Leine zu nehmen, so daß sie nicht mit ihm zusammen weglaufen konnte.) Ich war mir auch sicher, daß es Misha bei seinen Streifzügen nicht um Sex ging, vor allem, da es so gut wie keine läufigen Weibchen in der Nähe gab. Streunende Hunde brandmarken eine Nachbarschaft, aber die Cantabridgians mit ihrem exquisiten Sinn für Status duldeten keinen Makel, schon gar nicht die frohgemuten Haufen männlicher Hunde, die sich unweigerlich massenhaft vor dem Haus eines läufigen Weibchens zusammenrotten, unentwegt jeden Busch und jedes Gebäude mit Urin markieren und die Beine der Leute besteigen. Hin und wieder bei meinen Fahrten mit Misha sah ich einen Haufen herumlungernder Rüden; aber die Hündin, die sie angelockt hatte, war nie zu sehen. Misha schloß sich nie der Menge an, oder jedenfalls nicht für lange. Und nie, solange ich mit ihm unterwegs war, traf er ein Weibchen, dem er hätte beweisen wollen, was für ein Kerl er war.

Nachdem ich schließlich die Suche nach Gesellschaft und Sex als Motive für Mishas

Streifzüge ausgeschlossen hatte, hakte ich auch Nahrung und Jagen ab. Er bekam zu Hause genug zu fressen, doch er fraß immer spärlich, und was er bei anderen Leuten angeboten bekam, verlockte ihn nicht. Ebensowenig kippte er Mülltonnen um oder machte sich etwas aus ihrem Inhalt. Er inspizierte bloß die Außenflächen der Mülltonnen, vermutlich weil andere Hunde sie markiert hatten. Stark riechende, Nahrungsreste enthaltende Abfälle wie Fast-food-Verpackungen interessierten ihn wenig. Und die in den Vorstädten anzutreffenden lebenden Beutetiere wie Katzen und kleine wilde Säugetiere ignorierte er praktisch ganz. Selbst Eichhörnchen, an denen fast kein Hund vorbeikommt, ohne sie zu jagen, hetzte Misha nur sehr beiläufig. Kaum hatte er ein Eichhörnchen so weit, daß es anfing, auf einen Baum hinaufzuklettern, ließ er auch schon wieder von ihm ab und ging weiter auf Tour durch die Stadtviertel von Cambridge, wo er immer wieder Hunde umkreiste. Schließlich kam ich zu dem unausweichlichen Schluß, daß das Umkreisen anderer Hunde nicht bloß ein Nebenprodukt von Mishas Suchen war. Andere Hunde zu umkreisen war sein Ziel.

*D*ieser Schluß war enttäuschend. Meine ausgiebigen und mühevollen Beobachtungen eines Huskys, der mir nicht gehörte, eines Tiers, dessen frei umherschweifendes Verhalten meinen Namen in Polizeiwachen überall im Raum Greater Boston bekanntgemacht hatte, erschienen mir auf einmal als Erbsenzählerei. Offensichtlich brachten meine Anstrengungen mir nichts ein, was ich beim Hinaussehen aus dem Fenster nicht auch hätte herauskriegen können. Keine Jagden? Kein Zusammentreffen mit wilden Rudeln? «Ist das alles?» fragte ich Misha eines Nachts ziemlich irritiert, als ich, seinem hellen Hinterteil folgend, mit meinem Rad wieder eine neue düstere Wohnstraße hinunterholperte. Misha hörte mich. Seine normale Augen-voraus-Haltung einen Moment aufgebend, schaute er liebenswürdig über die Schulter zurück und warf mir einen raschen, freimütigen Blick zu.

Also folgte ich ihm weiter durch Herbst und Winter, bis ein heftiger Sturm Cambridge im Schnee begrub, so daß die Bäume sich weiß verkleisterten und die Schneewehen den Menschen über den Kopf wuchsen. Jetzt erkannte ich, was bisher unsichtbar gewesen war: die Fußabdrücke und die Urinflecken anderer Hunde. Augenscheinlich war Misha nicht der einzige, der beim Überqueren großer Straßen die Kreuzungen umging. Die Spuren seiner Kollegen verrieten, daß diejenigen, die nicht von Menschen beaufsichtigt wurden, ebenfalls in der Mitte der Häuserzeile über die Straße gingen, ob ein dort vorhandenes duftmarkiertes Objekt wie ein Baum oder ein Hydrant sie anlockte oder nicht. Gab es einen solchen Markierungspunkt, gingen die Hunde, wie vorherzusehen, dorthin. Nicht so ganz vorherzusehen war, was sie dort wirklich taten; nämlich nicht nur ihre eigene Duftmarke zu hinterlassen – ein Endzweck, wenn es nur darum geht, Territorium für sich zu beanspruchen –, sondern die Marken anderer Hunde zu untersuchen und überzumarkieren. Und dann fiel mir auf, daß Misha, wenn er dieselbe Stelle ein zweites oder drittes Mal markierte, so gründlich vorging, weil ein kleines Eckchen eines fremden Flecks unbedeckt geblieben war. Nur wenn die untere Marke völlig ausgelöscht war, schien Misha befriedigt und bereit weiterzugehen.

Aber warum? Eines Tages, als ich mitansah, wie Misha sich fast auf den Kopf stellte, um seine Duftmarke extrem weit oben auf einer Schneewehe nahe unserer

Tür anzubringen, ging mir schlagartig auf, daß jeder Hund, der bei normaler Neigung seines Beins einen Fleck in solcher Höhe machen konnte, ein Riese sein müßte. Und plötzlich durchzuckte es mich. Vielleicht lag ja genau da der Hund begraben! Vielleicht wollte Misha den Eindruck erwekken, er als der Urheber dieses Flecks sei ein Riese. Je mehr ich über diese Erklärung nachdachte, desto besser erschien sie mir. Eindruck zu machen war also offenbar Mishas ganze Strategie.

Wie ernst Misha tatsächlich sein Image nahm, erkannte ich eines Nachmittags auf einer Hauptstraße, nachdem er es geschafft hatte, sich durch den Feierabendverkehr auf dem Highway zu schlängeln, ich aber nicht. Ich war umgekehrt und verließ die Gegend, als ich den Bernhardiner bemerkte. Der riesige Hund war in der Nachbarschaft dafür bekannt, daß er alles, was er als Besitz seines Herrn ansah, erbittert verteidigte. Der Hund war mißtrauisch geworden, als wir an «seinem» Garten vorbeigegangen waren, und als ich unerwartet zurückkehrte, kam er auf die Straße heraus.

Dort bellte er herausfordernd, so daß ich mich fragte, wie ich an ihm vorbeikommen sollte, da er die ganze Straße und beide Gehwege beherrschte. Doch inzwischen hatte Misha mein Fehlen bemerkt und sich noch einmal in den Verkehr auf dem Highway gestürzt, um zu mir zurückzukommen. Als er aus dem tosenden Strom der Autos auftauchte, sah ihn der Bernhardiner und begann wütend zu bellen. Wie konnte Misha ihn passieren, ohne seinen Kurs zu ändern, hastig Reißaus zu nehmen oder sonstwie als Zweitbester dazustehen und sein Gesicht zu verlieren? Umkehren konnte er nicht, denn dem Bernhardiner hätte es einfallen können, ihm nachzujagen und ihn auf den gefährlichen Highway zu treiben. Er konnte aber auch nicht einfach weiter die Straße bis in den Bereich des Bernhardiners hinuntertraben, um dort, im Fall eines Angriffs, unwürdig schnell loszurennen, gar nicht mehr cool, sondern in überstürzter Flucht.

Ein paar Sekunden lang sah es schlecht aus für Misha. Doch dann löste er das Problem brillant. Den Kopf hoch, die Rute lokker erhoben wie ein Banner des Selbstvertrauens, fiel er in einen Kanter und sprang in großen Sätzen genau auf den Bernhardiner zu, jedoch ohne ihn anzusehen. Bevor jemand merkte, was los war, flog Misha auch schon vorbei, die Augen auf etwas in der Ferne Liegendes gerichtet, als ob er den Bernhardiner überhaupt nicht bemerkt hätte. Hätte das Monster jetzt versucht, ihn anzufallen, wäre er schon in voller Bewegung gewesen, und da er viel schneller war als der Riese, hätte er rasch weiterlaufen können, ohne daß es nach einer Flucht aussah. Doch offenbar ging alles so schnell, daß der Bernhardiner nicht wußte, wie ihm geschah. Sein Bellen wurde lauter und rascher, nachdem Misha vorbei war, als ob er glaubte, es sei ihm nicht gelungen, Mishas Aufmerksamkeit auf sich zu ziehen.

Viel ist geschrieben worden über Haltung und Verhalten, vor allem über das Verhalten von Beutetieren, wenn sie sich dem Raubtier gegenübersehen. So schilderte zum Beispiel ein Beobachter in Kanada das Verhalten von fünf Bisons, drei gesunden und zwei kranken Tieren, die auf freier

Fläche ruhten, als ein paar Wölfe auftauchten. Beim Herannahen der Wölfe sprangen die beiden kranken Bisons im Bewußtsein ihrer Verwundbarkeit eilends auf, während ihre gesunden Gefährten zuversichtlich waren und sich nicht von der Stelle rührten. Den Wölfen entging der tiefere Sinn dieses Verhaltens nicht, und sie wählten prompt eine kranke Bisonkuh aus und rissen sie. Die Rolle des Verhaltens kann also gar nicht genug betont werden, und dies wird auch weithin gesehen.

Ich erinnere mich an das Verhalten eines einjährigen Wolfes auf Baffin Island, wohin ich in Gesellschaft von vier kanadischen Biologen, die die Karibus untersuchten, gekommen war, um mir die Wölfe anzusehen. Der Teil von Baffin, den wir besuchten, war noch nicht bis ins letzte kartographiert. Wir gingen zu Fuß von einer Frühwarnstation in das Forschungsgebiet, etwa 120 Kilometer durch die Tundra. Da noch nie Menschen im Innern von Baffin gelebt hatten, wußten die Tiere nicht, was wir waren. Der fragliche Wolf schreckte auf, als er mit seiner Mutter um den Saum einer Anhöhe bog und uns an einer Fährte lagern sah. Beide Tiere schienen überrascht durch unseren Anblick, und die Mutter sauste wie der Blitz in Richtung Horizont. Der junge Wolf war unbefangener, und da er nicht wußte, wie er sich unter solch unerwarteten Umständen verhalten sollte, benahm er sich mehr auf hergebrachte Art. Anstatt wegzulaufen und damit (wie er dachte) vielleicht unsere räuberischen Instinkte anzuregen, zog er es vor, kühl und geschäftsmäßig zu erscheinen und weiterzutraben, als ob nichts wäre. Dabei geriet er jedoch auf das Territorium einer nistenden Raubmöwe, die aufflog und anfing, wütend auf seinen Kopf herabzustoßen. Ich konnte die Hiebe hören, die ihr scharfer Schnabel ihm versetzte. Doch dem Youngster lag so viel daran, Gelassenheit zu demonstrieren, daß er nicht reagieren konnte. Ohne auch nur einmal zu winseln, zuckelte er entschlossen weiter, während die Möwe immer wieder auf ihn herabstieß und so heftig auf ihn einhackte, daß Hautfetzen und Haare flogen. Erst als er sich so weit von uns entfernt glaubte, daß auch auf eine plötzliche Bewegung seinerseits keiner von uns hinter ihm herspurten würde, fühlte er sich fähig, sich um die Raubmöwe zu kümmern. Doch dann, in einem Augenblick vom Hasenfuß zum Dämon geworden, schnellte er in die Luft, so daß er sie fast erwischt hätte. Überrascht schlug die Möwe mit den Flügeln und kreischte, verlor eine Feder, gewann dann an Höhe und flog zurück zu ihrem Nest, während der junge Wolf seiner Mutter hinterherlief.

Misha verstand die Bedeutung kühler Gelassenheit genauso wie der junge Wolf, doch Mishas Kontrahent, der große Bernhardiner, tat das nicht. Seine leidenschaftliche Inbrunst im Interesse seiner Besitzer wurde diesen schließlich zuviel, so daß sie ihn zum örtlichen Tierschutzverein brachten. Dort wurde er angeblich zur Übernahme angeboten. Aber die meisten Leute wollen keinen riesigen Hund mit übermächtigen Gefühlen. Niemand nahm ihn. Dieser Tierschutzverein war zugleich eine Hundeklinik, in die ich durch einen Notfall später einmal kam, und da erkannte ich zu meiner Überraschung den Bernhardiner, der hilflos in einem kleinen Drahtkäfig stand. Unsere Augen trafen sich. Sein Gesicht leuchtete auf, weil er mich wohl wiedererkannte. Ich sah, daß er inständig hoffte, ich würde ihm helfen, aber leider konnte ich das nicht. Er war zur Tötung vorgesehen und wartete darauf, daß man ihm Blut abzapfte, um Transfusionen für glücklichere Hunde zu ermöglichen, für Hunde, die ihren Besitzern willkommen waren.

Warum will ein Hund einen hohen Status? Unter Hunden (wie auch unter Menschen) hat das viele Gründe. Für ein wildes und namentlich für ein soziales Tier kann eine hohe Position in der Rangordnung Überleben bedeuten, nicht nur für das Tier selbst, sondern auch für seine Jungen. Bei den wilden Kaniden und sogar bei freilaufenden Haushunden werden ranghohe Männchen von den Weibchen eher zur Paarung ausgesucht, während der Rang eines Weibchens über Leben oder Tod ihrer Jungen entscheiden kann. Wölfe wissen das, und Hunde, die selbst entscheiden dürfen, zeigen, daß sie es auch wissen.

Als ich, übrigens in der Zeit, in der Misha mir das Hundeleben auf Cambridges Straßen zeigte, nach Baffin Island ging, war ich sicher, daß ich dort das Drama des kaniden Überlebenskampfes in seiner höchsten Form erleben würde. Was ich tatsächlich zu sehen bekam, war eine einsame Gruppe von fünf erwachsenen Wölfen, die sehr angestrengt arbeiteten, um sieben hungrige Junge zu ernähren. Sie waren offenbar eine Familie, wahrscheinlich Mutter und Vater und drei Jährlinge, die ihren Eltern halfen, die Kleinen zu versorgen. Die Wölfe unterhielten insgesamt fünf Höhlen auf einer Hügelkette entlang eines Flußsystems, wie es Wolfsart ist, wobei oft jedes Jahr ein anderer Bau bezogen wird, vielleicht als Mittel, um die Flöhe unter Kontrolle zu halten. In jenem Jahr war der vierte an der Reihe, in West-Ost-Richtung gesehen. Ich suchte mir eine kleine, flache Mulde auf einer nahegelegenen Anhöhe, wo ich allein kampierte, um die Tiere zu beobachten.

Zu den Dingen, die mir als erstes auffielen, gehörte das Netz von Pfaden, Wolfspfaden, die von den Hügeln ausgehend durch die Weite der umliegenden Tundra führten. Eines Tages, als ich dem großen ostwestlichen Pfad folgte, stieß ich auf etwas so Unauffälliges und scheinbar Belangloses, daß ich es fast übersehen hätte: Beim Übergang über einen Felsvorsprung wurde der Pfad zu einer flachen Rinne. Daß Wölfe diese Rinne ausgetreten haben mußten, schien mir unabweisbar; der Pfad führte geradewegs zum Eingang ihres Baus und war also keine Route, die andere Tiere gewählt hätten. Außerdem gab es fast keine anderen Tiere, die einen solchen Wechsel hätten treten können. Vögel, wenige Insektenarten, Hasen, Füchse, Lemminge und Wühlmäuse sind neben Wölfen und Karibus die einzigen Tiere, die das Innere von Baffin bevölkern. Eisbären und Menschen wagen sich nur selten von der Küste ins Inland vor. Wichtiger noch war, daß die Felskante nur wenige Zoll über die senkrechte Wand einer hohen Felsformation vorsprang, die steil aus einem See aufragte, so daß der Pfad an dieser Stelle viel zu schmal wurde, als daß ich oder irgendein anderes breites Tier ihn hätte begehen können, ohne in das eiskalte Wasser zu fallen. Die Felskante wäre viel zu schmal gewesen für Karibus, die auf Baffin neben Wölfen die einzigen Lebewesen sind, die überhaupt nennenswerte Pfade austreten. Da der Vorsprung uneben war, stand überdies ein großer Teil des Pfads etwas unter Wasser. Das war es auch, was mir als erstes aufgefallen war. Ich hatte vor meinem inneren Auge einen Wolf knöcheltief durchs Wasser platschen sehen. Allmählich aber war mir die wahre Bedeutung dieser Rinne aufgegangen, bis ich schließlich begriff, daß das vielleicht eines der wichtigsten Dinge war, die ich in meinem Leben je zu Gesicht bekommen würde.

An einem Berg nicht weit von meinem Haus begehen Tausende von Ausflüglern mit Wanderstiefeln seit mehr als hundert

Jahren einen Pfad über eine Granitplatte, ohne merkliche Spuren zu hinterlassen. Wie lange mochte es dauern, bis die Wanderer mit ihren Stiefeln eine Rinne in das Gestein graben würden? Aber wenn der Pfad nun ausschließlich von Wölfen begangen würde? Und nur von fünf oder sechs Wölfen im Jahr? Und das nur ein paarmal in der Woche und nur im Sommer, wobei ihre Füße überhaupt nur dann mit dem Felsen in Berührung kämen, wenn der Pfad und der See frei von Eis und Schnee sind? Man sieht nicht oft sehr alte Dinge, die von Tieren geschaffen worden sind. Mir wurde bewußt, daß ich eines davon vor mir hatte.

Lange zurück reichte offenbar auch die Nutzung dieses Standorts für den Wolfsbau. Vermutlich war das Loch selbst von Zeit zu Zeit neu gegraben worden, aber die Wölfe saßen sicher schon lange auf diesem Hügel. Wie lange? Tausende von Jahren? Vor langer Zeit waren große weiße Wölfe vom Festland nach Baffin übergewechselt und hatten die Insel-Unterart hervorgebracht, eine neue Rasse kleiner weißer Wölfe. Hatten die Pioniere seinerzeit den

Hügel entdeckt und sich darauf niedergelassen? Wahrscheinlich. Jahr um Jahr waren die Wölfe auf der gleichen Route zu dem Hügel gezogen, weil es die beste war, der einfachste Weg, der Sümpfe wo immer möglich umging und Hügelketten am niedrigsten Punkt kreuzte. Jede noch so kleine Verbesserung der Route sparte Kraft. Aber warum war dieser Hügel so begehrenswert, daß die Wölfe ihn schon lang genug aufsuchten, um eine Rinne in den Fels zu treten? Und wer waren diese Wölfe?

Tatsächlich hatte der Hügel alles, was ein Wolf sich vom Standort seines Baus nur wünschen kann. Auf halbem Weg zwischen dem Sommer- und dem Wintergebiet einer Karibuherde gelegen, waren es nie mehr als ein paar Tagesreisen bis zu günstigen Jagdgelegenheiten. Besser noch, im Frühjahr, wenn die Jungen geboren wurden und ihre Mutter mit ihnen im Bau blieb, um sie zu säugen und zu wärmen, zogen die Karibus mit ihren Kälbern auf dem Weg zur Sommerweide genau vor dem Hügel vorbei. Und im Herbst, wenn aus den Wolfsjungen hochaufgeschossene, heißhungrige Teenager geworden waren, wenn sie mehr Nahrung brauchten als je zuvor, aber noch nicht beim Jagen helfen konnten, dann wanderten die Karibus, vollgefressen für den Winter, auf dem Rückweg zu ihren Aufzuchtgebieten wiederum am Bau vorbei. Aber die Jagdmöglichkeiten waren nicht die einzigen Vorzüge des Hügels. Offenbar aus Gletscherablagerungen entstanden, war sein Boden sandig genug, daß man ihn aufgraben konnte, aber zugleich so fest, daß er zusammenhielt, so daß die Wölfe einen Bau graben konnten, der nicht über ihnen einstürzen würde.

Der Hügel war auch ein ausgezeichneter Ausguck. Mitten in einem weiten, von höheren Hügeln gebildeten Becken gelegen, gewährte er einen 360-Grad-Ausblick über viele Kilometer ins Land hinein, und er wurde an der Südseite von einem Bach begrenzt. Letzteres war besonders wichtig, nicht nur, weil Nachwuchs aufziehende Wölfe Wasser zum Trinken brauchen, sich aber, anders als mit Nahrung, nicht gegenseitig damit versorgen können, sondern weil der Bach als Zaun fungierte. Zu ihrer eigenen Sicherheit sollten die Jungen beim Bau bleiben, aber dort fühlten sie sich schnell einsam und versuchten unweigerlich, einem sich entfernenden Erwachsenen zu folgen. Natürlich konnten die Erwachsenen das nicht zulassen – die Jungen würden sie aufhalten und ihnen die Jagd verderben –, deshalb brachen sie, zumindest anfänglich, in Richtung Süden auf und setzten über den Bach, der so breit und so tief war, daß die Jungen ihnen nicht folgen konnten. Und das Wasser war so kalt, daß die Jungen nicht versuchten hinüberzuschwimmen. Statt dessen standen sie am Ufer, vor Verlassenheit winselnd, und sahen den Großen nach, die offensichtlich nicht recht wußten, ob sie gehen oder bleiben sollten, während sie unlustig davontrotteten.

Die Frage, warum gerade dieser Hügel als Wurfplatz gewählt worden war, ließ sich also leicht beantworten. Einen solchen Platz würde jeder Wolf wollen. Da es auf der Welt nur wenige so vollkommene Standorte gibt, müssen sich die meisten Wölfe ohnehin mit viel weniger zufriedengeben. Wer also waren die Wölfe, die hier lebten, und warum waren gerade sie, und nicht andere, die Glücklichen? Wölfe sind, wie bekannt, reviergebunden, das heißt, sie beanspruchen bestimmte Areale für sich und verteidigen sie mit aller Kraft gegen ihre Artgenossen. Wer den Wurfplatz auch immer besaß, würde ihn nicht freiwillig mit Fremden teilen. Das allein schon mußte dazu beitragen, einen Wurfplatz in einer Familie zu halten, um so mehr als Wölfe, wie die meisten Vögel und viele andere Säugetiere, augenscheinlich angestammte Plätze bevorzugen. Aber waren die gegenwärtigen Inhaber des Baus Nachkommen der ersten Siedler? Konnte ein Wurfplatz mehrere tausend Jahre von derselben Familie besetzt worden sein? Obwohl theoretisch alles möglich ist, erscheint ein so langes Anrecht unwahrscheinlich. Vermutlich kam der vorzügliche Standort von Zeit zu Zeit in neue Hände. Mir erschien er immer mehr wie eine mittelalterliche Festung, eine abgelegene, isolierte Burg, gehalten von einer kleinen Schar, wahrscheinlich einer erweiterten Familie, die ihre Tage zum größten Teil damit zubrachte, einfach nur Essen auf den Tisch zu bringen, aber jederzeit darauf gefaßt war, Eindringlinge in die Flucht zu schlagen, und die ihren Besitztitel weit, vielleicht sogar sehr weit zurückführen konnte bis auf einen heroischen Ahnherrn, der die Burg erbaut oder aber ihren früheren Eigentümern gewaltsam entrissen hatte. Das Eigentumsrecht war von den Eltern auf die Kinder übergegangen; das menschliche Erstgeburtsrecht bedeutet ja im Grund kaum mehr als die Bevorzugung des dominanten Kindes. Je länger ich darüber nachdachte, desto wolfsähnlicher erschien mir der europäische Landadel vergangener Zeiten, bei dem immer ein Paar, das dominante Männchen und Weibchen, ein Stück Land und die Burgen darauf besaß und ringsumher das Wild jagte. Dominanz und Eigentum waren mit Sicherheit sehr eng miteinander verknüpft.

Dies gilt offensichtlich immer noch für die Wölfe. Für sie ist der Besitz eines Baus entscheidend, denn ohne seinen Schutz bricht ein Rudel auseinander. Erwachsene Wölfe brauchen keinen Bau, sie können schreckliche Unbilden aushalten. Aber ihre

Jungen können das nicht. Wie menschliche Kleinkinder können Wolfsjunge sich selbst kaum warm halten, geschweige denn den arktischen Winter im Freien überleben. Sie müssen schon fast ausgewachsen sein, um den ersten Winter, den größten Wolfskiller, zu überstehen, und müssen deshalb so früh im Jahr wie möglich zur Welt kommen, um Zeit zum Wachsen zu haben. Aus diesem Grund paaren Wölfe sich im Februar und werfen ihre Jungen im März, lange bevor der Schnee schmilzt. Höhlen kann man im gefrorenen Erdreich nicht graben, weshalb ein Wolfspaar ohne Bau seine Jungen mit Sicherheit durch die Witterung verliert. In jeder Wolfsgruppe darf, egal, wer auch immer trächtig ist, nur das dominante Weibchen im Bau werfen. Besitz und Dominanz sind demnach für Wölfe überlebenswichtig, und Hunde erinnern sich daran und verhalten sich entsprechend. Dieses alte Wissen erklärt ein Stück weit, warum Misha so gern andere Hunde umkreiste.

Was die Wölfe auf Baffin angeht, lag ihre uralte Heimstatt inmitten einer weiten, öden Tundra, wo die kleinen arktischen

Pflanzen am Boden kriechen und nichts den Wind aufhält. Der Wind trieb die Wolken über den Himmel oder zauste den Wölfen das Fell, aber er machte kein Geräusch. In dieser schweigenden Einsamkeit unter der strahlenden Sonne der Arktis gingen die fünf erwachsenen Wölfe kompetent und geschickt ihren Pflichten nach, so gehärtet durch die Plackerei und so sehr aneinander gewöhnt, daß es unter ihnen kaum, wenn überhaupt je, zu Interaktionen kam. Es gab keine Dominanzdemonstrationen unter diesen einsamen Arbeitern – wie alle engverbundenen Familien wußten sie genau, wer wer war, ohne daß sie sich gegenseitig daran erinnern mußten. Und außerdem blieb den Wölfen, wie fleißigen Farmerfamilien oder einer einsamen Horde von Jägern und Sammlern, auch kaum Zeit für anderes, als ihren Lebensunterhalt einer unversöhnlichen Welt abzuringen.

Allein oder paarweise waren vier von ihnen fast zu jeder Zeit weit weg unterwegs auf der Jagd, während der fünfte beim Bau blieb, um auf die Jungen aufzupassen. Oft war der Babysitter so erschöpft, daß er oder sie fast die ganze Zeit oben auf einem Geländeabsatz schlief, außer Reichweite der zudringlichen Jungen. Eine Zeitlang mochten diese versuchen, den Babysitter zu erreichen, aber schließlich gaben sie auf, wurden still, merkten, daß alle anderen gegangen waren und daß der zurückgebliebene Wolf nicht mit ihnen spielen würde, warteten noch ein paar Minuten ab, als hofften sie, daß sie sich vielleicht getäuscht hätten, und krochen endlich in den Bau. Nicht daß sie die Außenwelt vergessen hätten – kaum kehrte einer der Jäger mit Nahrung zurück, kamen sie aus der Höhle gestürzt und fielen über ihn her. Unverzüglich senkte der Ankömmling dann den Kopf, wölbte den Rücken, ruckte mit dem Bauch und spuckte einen Haufen Fleischbrocken aus, den die Jungen augenblicklich, buchstäblich in einer oder zwei Sekunden, verschlangen; dann rannten sie dem sich zurückziehenden Jäger nach, riefen, bedrängten und küßten ihn, bettelten um mehr.

Ein- oder zweimal während meines Beobachtungsaufenthalts gab die Mutter der Jungen, die das ranghöchste Weibchen war, ihnen tatsächlich mehr, indem sie mit tiefgehaltenem Kopf einen zweiten, kleineren Fleischhaufen hervorwürgte, wahrscheinlich Fressen, das sie eigentlich für sich hatte behalten wollen. Aber normalerweise tauschte der Rückkehrer, nachdem er eine großzügige Portion hergegeben hatte, einfach den Platz mit dem Babysitter. Dann rollte sich der fußlahme Jäger auf dem für die Jungen unerreichbaren Sims zusammen, während der bisherige Babysitter sich streckte und schüttelte, wie um den Aufbruch hinauszuzögern, hier und da herumschnüffelte, etwas Urin abschlug, einen Kötel herauspreßte, aus dem nahen Bach einen Schluck Wasser trank und vielleicht gedankenverloren noch ein oder zwei Minuten herumstand, wahrscheinlich um sich über die Richtung klarzuwerden. Früher oder später entschied die Wölfin sich dann doch für einen Pfad aus dem Netz der Wolfswechsel, und, erst schwerfällig stapfend, als ob die Ungeheuerlichkeit der vor ihr liegenden Aufgabe ihre Lebensgeister herabzöge, dann allmählich in Fahrt kommend, als ob sie sich jetzt mit ihrem Schicksal abgefunden hätte, fiel sie schließlich in den geschäftsmäßigen, ausgreifenden Trab einer Wölfin mit einem weitentfernten Ziel, einer Wölfin, die sich wieder einmal auf den Weg macht, um ihr Bestes zu geben, aber deswegen noch lange keine Zeit mit Selbstmitleid verschwendet. Inzwischen war der neue Babysitter vor Erschöpfung schon fest eingeschlafen und würde weiterschlafen, bis einer der anderen Wölfe von der Jagd zurückkehrte, um ihn abzulösen. Weil es im Hochsommer auf Baffin nie dunkel wird, konnte ich das Geschehen rund um die Uhr beobachten und sah einmal, wie ein müder Wolf achtzehn Stunden hintereinander schlief, von dem Moment an, als er sich auf dem Babysittersims niederlegte, bis seine Ablösung eintraf und er wieder jagen ging. Nach den ersten neun Stunden reglosen Schlafs hob er den Kopf, seufzte, machte das Maul auf und zu, um die Zunge zurechtzulegen, und schlief dann noch einmal neun Stunden lang. So beherrschten Plackerei und Schlaf das Leben der biederen Wölfe von Baffin.

Ich kam zu dem Eindruck, so eintönig ein

so enges, hinterwäldlerisches Leben modernen Stadtbewohnern auch erscheinen mag, den Wölfen gefiel es. Das geordnete Leben, der tägliche Trott und die schweigende Tundra in ihrer alljährlichen Kreisbewegung um die Sonne hatten vermutlich den Reiz der Berechenbarkeit für diese Karibujäger, von denen jeder einzelne gezwungen war, alle paar Tage allein eine große Strecke zurückzulegen, um erst ein potentielles Opfer zu finden, es einzukreisen und dann, wenn möglich, anzufallen und zu erlegen. Ein erwachsener Baffin-Wolf ist noch nicht einmal halb so groß wie ein erwachsenes Baffin-Karibu, und Karibus sind praktisch die einzigen großen Beutetiere auf der Insel. Und da beide Geschlechter bei dieser Rentierart ein Geweih tragen, sind sie keine leichte Beute, schon gar nicht für Wölfe, die nicht über Klauen verfügen, mit denen sie die Karibus packen könnten, geschweige denn über Gewehre, Speere oder Pfeile, um sie aus größerer Entfernung zu töten.

In der Tat ist die Karibujagd so schwierig, daß die meisten von uns, die wir schon

Angst hätten, uns einem großen, noch dazu wilden Huftier allein zum Streicheln zu nähern, sich kaum vorstellen können, wie das eigentliche Reißen abläuft. Als Wolf aber muß man, selbst wenn man nicht minder ängstlich ist, mit dem Gesicht an den Hals und in das Fell eines gewaltigen, zu Tode erschreckten, die Füße wie Hämmer durch die Luft wirbelnden Tieres kommen, eines Tiers, das beißt und tritt und einem ans Leben will, und man muß es allein mit dem Maul töten. Aus diesem Kampf unversehrt und auch noch mit vollem Magen zurückzukehren, ist an sich schon ein toller Erfolg und erklärt vielleicht, warum Wölfe, wenn sie nicht gerade jagen, offenbar ein glanzloses, ordentliches Leben bevorzugen.

Als ich zusammen mit den kanadischen Wissenschaftlern nach Baffin kam, bedeutete unser Auftauchen am Flußsystem eine verwirrende und wahrscheinlich unliebsame Überraschung für die dort lebenden Wölfe. Der Jungwolf und seine Mutter, die uns als erste gesehen hatten, waren, als sie sich nach dem Abenteuer des Jungen mit der Raubmöwe wiedergetroffen hatten, offenbar geradewegs zum Bau gegangen, wo sie heulten. Wahrscheinlich riefen sie damit die anderen Wölfe aus dem Gelände zurück, denn ungefähr eine Stunde später heulten alle zusammen, ein Chor gespenstischer Stimmen, der anschwoll und wieder schwächer wurde, vielleicht um den Zusammenhalt der Wölfe gegenüber unserer Gruppe auszudrücken oder um uns mitzuteilen, das Flußsystem sei in ihrem Besitz und wir sollten uns entfernen. Der Wolfsruf setzt in tiefer Tonlage ein, steigt rasch an und fällt dann langsam wieder, und er eignet sich insofern zum Chorgesang, als die nächste Stimme an einem von mehreren Punkten einfallen kann, so daß eine polyphone Wirkung entsteht, wie bei einem Kanon. Wölfe heulen gern zusammen; ihre Gesichter und ihr eifriges Gehabe vor und nach dem Heulen zeigen es. Vermutlich steigert dieses Erlebnis ihre positiven Gefühle füreinander. Bei uns tut es das ja auch. Und wie wir vor wichtigen Wettkämpfen wie Sportereignissen oder Schlachten singen, um den Mannschaftsgeist zu stärken, so auch die Wölfe.

Als wir das Geheul hörten, sagte einer der

Wissenschaftler – er hieß Clive Elliott – dem Sinn nach, die Wölfe würden eine Versammlung einberufen, weil wir erschienen seien, und mehr noch, wir würden bald den Eindruck haben, als hätten Mutter und Sohn die anderen gerufen, um sie vor uns zu warnen. Genauso war es. So unerklärlich es scheinen mag, die Tiere kamen während unseres gesamten Aufenthaltes nie mehr an die Stelle, wo sie zuerst auf uns gestoßen waren und wo wir unser Hauptlager aufschlugen, obwohl wir sie in keiner Weise bedrohten, sondern im Gegenteil sehr wohlriechende Köder auslegten, um sie anzulocken. Später duldeten sie mich und besuchten mich sogar in meinem Camp unmittelbar bei ihrem Bau, und ein Weibchen mit einem Wolfshunger kam sogar freudig gelaufen, um die Köder zu fressen, aber, wie Clive vorhergesagt hatte, die Wölfe mieden fortan unser Hauptlager, als ob Mutter und Sohn den anderen zu verstehen gegeben hätten, daß dort etwas sehr Unangenehmes vorgefallen sei. Tatsächlich müssen sie wohl irgend etwas in der Art getan haben. Keiner von uns wußte, wie die Wölfe sich untereinander verständigten, aber andererseits ist die Kommunikation unter Wölfen ja nur eines von vielen Dingen, die wir Menschen bei den Tieren noch nicht ganz verstehen.

Anders als die Wölfe von Baffin führten meine Hunde zu Hause ein sehr bewegtes Leben, ob sie es wollten oder nicht. Das ist das Schicksal von Stadthunden, wenn sie zu mehreren zusammenleben und einigermaßen frei tun können, was sie wollen, vor allem, wenn sie nicht miteinander verwandt sind und ihre Gruppe sich zeitweise auch mit Nachbarhunden abgibt. Im Unterschied zu der offenbar ganz auf sich gestellten Wolfsfamilie von Baffin, bei der die Statusbeziehungen untereinander fest eingespielt zu sein schienen, verbrachten meine Hunde einen großen Teil ihrer Zeit und Energie mit dem Austesten ihrer Gruppenhierarchie, vermutlich wegen der Art und Weise, wie ihre Gruppe zustande gekommen war. Waren die Wölfe eine richtige Familie aus Mutter, Vater, erwachsenen Kindern und Jungen, so standen einige der Hunde auf kaum mehr als freundschaftlichem Fuß zueinander und hatten zumindest anfangs nicht viel miteinander zu tun.

Ihre Gruppe begann ganz klein, mit einem jungen Mopsrüden namens Bingo. Als selbstbewußtes kleines Geschöpf wurde Bingo sehr bewundert, und er wußte es. «Du bist ein großer kleiner Hund», sagte mein Vater oft zärtlich zu ihm. Zum Dank stellte Bingo die Vorderpfoten auf die Kniescheiben meines Vaters und sah zu seinem Gesicht auf. Eines Tages aber lief Bingo vor ein Auto, wurde angefahren und verlor ein

Auge. In der Klinik machte er sich durch seinen Mut und seine freundliche, geradlinige Art so beliebt, daß der Tierarzt ihn gern gekauft hätte. Aber wir liebten Bingo und wollten ihn nicht hergeben.

Wahrscheinlich hätten wir weiter mit nur einem einzigen Hund zusammengelebt, ohne zu ahnen, welche Gefühlsdramen Hunde in Gruppen vor unseren Augen aufführen würden, wenn es uns nicht ungerecht erschienen wäre, einen Hundejungen für unseren Sohn anzuschaffen, aber kein Hundemädchen für unsere Tochter, und so kauften wir noch einen Mops, ein Weibchen mit beeindruckendem Stammbaum, das als Ausstellungsstück gezüchtet worden war. Aus dem armen kleinen Ding wurde bald eine tüttelige, übererregbare Erwachsene, deren häufige Panikanfälle wahrscheinlich daher kamen, daß sie bei Bewegung so sehr in Atemnot geriet, daß sie fast ohnmächtig wurde. Dies ist, wie wir hörten, gang und gäbe bei der Züchtung von Zwerghunden mit unmäßig verkürzten Gesichtern. Mit der gleichen Zahl von Stirnhöhlen und Zähnen, mit genausoviel Zunge, Gaumen und Nasengang zur Welt gekommen wie normale Hunde, fehlt ihnen einfach der Platz, um diese Organe unterzubringen: in dem deformierten Kopf werden sie alle gequetscht. Violet (denn so nannte unsere Tochter die kleine Hündin) war von edlerer Rasse und stärker deformiert als Bingo. Und leider war sie auch nicht so schlau wie er. Sie konnte es sich zum Beispiel nicht merken oder begriff nicht, daß sie bei Anstrengungen regelmäßig japsen mußte oder sogar unter Krämpfen zusammenbrach, also kollabierte sie oft. Auch die üblichen Hundefertigkeiten lernte sie nicht. Wir betrachteten es als Triumph, sie wenigstens teilweise stubenrein zu kriegen. Sie achtete nicht auf ihre Umgebung, konnte nie von der Leine gelassen werden und lief einmal, als sie die Entengrütze auf einem Teich mit Gras verwechselte, über einen Bootssteg hinaus ins Wasser, so daß sie fast ertrunken wäre.

Da sie offenkundig für kaum etwas anderes taugte, als bei Hundeschauen ausgestellt zu werden, schlugen uns viele Leute vor, ein anderes Zuhause für Violet zu finden. Aber das hätte ihr nicht behagt. Ihr Herz hing an unserem Haus, und ihre Verfassung änderte ja nichts an ihrem Vermögen, Zuneigung zu empfinden – und das war riesengroß. Objekt ihrer Liebe war jedoch keiner von uns. Obwohl wir sie fütterten und liebten und sie auf unseren Betten schlafen ließen, hatte sie für uns nur mattes Wohlwollen übrig, während sie ihre tiefen Gefühle Bingo vorbehielt. Von dem Augenblick an, als sie ihn das erste Mal sah, vergötterte sie ihn. Beherrscht von dem einen Wunsch, bei ihm zu sein und ihn mit ihrer Zuneigung zu überschütten, folgte sie ihm überallhin. Der Klang seiner Stimme ließ sie bellen.

Bingos Gefühle für Violet blieben hinter den ihren zurück. Dennoch verließ er sich auf sie. Wie zwei kleine Eheleute hatten sie ihre geheimen Abmachungen – eine bestimmte Art, wie sie gern schliefen, eine stillschweigende Übereinkunft, daß sie ihm ihr Fressen überließ, falls er vor ihr mit seinem fertig war, einen ständigen Kampf, weil sie auf seiner blinden Seite vor ihm herlief und ihn dadurch zwang, sie mit der

Schulter zu stoßen. Wie ein kleiner Ehemann betrachtete Bingo es als seine Pflicht, sich selbst und Violet wieder ins Haus zu bringen, wenn sie beide draußen waren, und dazu stellte er sich auf die Hinterbeine und kratzte energisch an der hölzernen Eingangstür. Er arbeitete so eifrig, daß er tiefe Furchen machte, die fast bis in die Türfüllung gingen. Violet saß jedesmal direkt daneben und sah ihm ängstlich zu.

Durch ihre körperliche Unzulänglichkeit taugte Violet nicht recht als Hundekamerad, schon gar nicht für ein Kind. Als Bingo drei war und Violet zwei, merkten wir, daß wir unserer Tochter keinen Gefallen getan hatten. Deshalb wurde Violet mein Tier, und für unsere Tochter besorgten wir einen dritten Hund, die schöne junge Huskydame Maria.

Maria, gesund und sportlich, war alles, was Violet nicht war. Bingo fing sofort an, sich lebhaft für sie zu interessieren. Als ältester und damit dominanter Hund des Haushalts versuchte er, ihr zu imponieren, indem er mit gesenkten Ohren und Zuneigung ausstrahlendem Gesicht steifbeinig und bedächtig vor ihren Pfoten herumstolzierte, und seine Körpersprache sagte ihr, er wisse wohl, sie sei jünger als er und obendrein erst nach ihm ins Haus gekommen, und damit sei er ihr als Hund in jeder Weise überlegen, aber all das zähle nicht, da er sie bereits ins Herz geschlossen habe und sich wünsche, sie möge ihm folgen und die Dame seines Herzens werden.

Die stille junge Maria beobachtete all das mit einer gewissen Zurückhaltung. Sie war zwar neu im Haus, aber sie hatte ihre ersten fünf Lebensmonate mit beiden Eltern, ihren Geschwistern und dem Bruder ihres Vaters verbracht und verfügte infolge dieser intensiven Sozialisierung auf Hunde über ausgezeichnete Hundemanieren und wußte genau, wie sie sich zu benehmen hatte. Die Rute gesenkt, aber die Ohren aufmerksam, schien sie sich ein wenig in sich selbst zurückzuziehen und durch ihr Gebaren nur eine partielle Unterwerfung zu erkennen zu geben – genug für den Anfang. Sie meinte, sie sei willens, Bingo zu respektieren, wolle aber die Entwicklung abwarten und sehen, welcher Art ihre zukünftige Beziehung zueinander sein werde. Hunde gehen ja schließlich nicht automatisch Bindungen miteinander ein, nur weil sie unter demselben Dach wohnen. Statt dessen gelangen viele, wenn nicht die meisten in Gruppen lebenden Hunde zu einer Beziehung ähnlich der von Kollegen in einem Büro: sie legen die Rangordnung sofort fest, begnügen sich aber danach oft damit, lediglich Streit zu vermeiden. Gibt es etwas zu tun, etwa vor Eindringlingen zu warnen oder andere Hunde zu vertreiben, dann arbeiten die vierbeinigen Hausgenossen gewöhnlich zusammen, und oft wandern oder jagen sie auch gemeinsam, vor allem, wenn sie auf dem Land wohnen. Aber eine derartige Kooperation besagt bloß, daß die Beziehung untereinander freundlich ist, mehr nicht.

Im Gegensatz zu Bingo machte Violet keinen Versuch, ihren Rang durchzusetzen. Statt dessen schien sie unfähig, mit dem Problem Maria zu Rande zu kommen. Zwar war Maria ungleich stärker und energiegeladener als Violet und besaß lange, glänzende weiße Zähne, das Gebiß eines frühen oder primitiven Hundes, nicht Violets traurige, schiefe Stummelchen, die alles sind, was einem unglücklichen Mops nach jahrhundertelangen erbarmungslosen Züchtungsversuchen bleibt. Dennoch dominiert in vielen Haushalten ein kleiner, älterer Hund mühelos einen großen, jungen Neuankömmling allein durch die Kraft seiner Persönlichkeit, und Violet wäre wohl bessergefahren, psychologisch die Oberhand über Maria zu gewinnen, solange diese noch jung war. Die Lücke, die durch Violets Unvermögen entstand, wurde für Maria zur Aufforderung, mit ihr zu spielen wie die Katze mit der Maus, wie ein Kind mit einem Spielzeug, bis die arme, bedrängte kleine Violet sich voller Ingrimm auf Maria stürzte und sie knurrend und japsend zu beißen suchte. Aber Maria, die Violets Verzweiflung scheinbar völlig mißverstand, tanzte freudig um sie herum, bis wir Menschen eine der beiden wegholten.

Was Violet jedoch am meisten an Maria störte, war, daß Bingo die junge Huskydame so gern mochte. Violet links liegenlassend, versäumte Bingo keinen Tag, um Maria zu werben, indem er mit gesenkten

Ohren, sanftem Gesichtsausdruck und leise wedelndem Schwanz neben ihr auf und ab paradierte. Violet versuchte oft, ihn daran zu hindern. Kläffend jagte sie Bingo und warf sich auf ihn, so daß sie mit der Brust hart gegen seine Schulter schlug, als ob sie ihn zur Seite, aus dem Weg stoßen wollte. Er drehte sich nach ihr um und knurrte kurz, machte aber gleich wieder ein freundliches Gesicht. Er konnte nicht lange wütend bleiben, sonst hätte Maria womöglich irrtümlich gedacht, er ärgere sich über sie, doch das kurze Aufflackern genügte schon, damit Violet, die inzwischen in der Hierarchie zu weit gesunken war, um Maria direkt herauszufordern, in eine entfernte Ecke zurückwich und sich dort niedersetzte, depressiv, am Boden zerstört.

Die Lage spitzte sich zu, als Maria ein Jahr alt war und Anstalten machte, ein zweites Mal läufig zu werden. Bingo war im siebten Himmel. Er verdoppelte seine Anstrengungen, indem er Maria überallhin verfolgte und in anrührender Weise tatsächlich auf den Zehenspitzen ging, wohl um größer zu erscheinen. Maria schien sich durch seine Aufmerksamkeit fast erstickt zu fühlen. Normalerweise versuchte sie, ihn zu ignorieren, doch wenn er ihr das durch seine ständigen Nachstellungen unmöglich machte, warf sie ihm einen kurzen, scharfen Blick zu und wandte sich ab. Manchmal sprang sie dann aufs Sofa, rollte sich zu einem festen Knäuel zusammen und starrte aus dieser Position wütend auf alles, was ihr unter die Augen kam. Offensichtlich dachte sie gar nicht daran, ihren Schwanz für Bingo auf die Seite zu legen.

Haben Hunde eine Moral? Bingo schon. In dieser Situation hätte er, als glühender Verehrer Marias, von Natur aus eigentlich alles Erdenkliche tun müssen, um ihr zu gefallen. Dennoch bot er ihr eines Abends die Stirn, um etwas durchzusetzen, das er für richtig hielt. Obwohl ich zusammen mit seiner Tat mein eigenes schändliches Verhalten enthüllen muß, möchte ich hier davon berichten, da Bingos Auftreten mir ebenso rätselhaft wie außerordentlich erscheint.

Wir hatten in unserer Küche einen großen, unterteilten Käfig, in dem unsere

Kinder zwei Sittiche und drei weiße Mäuse hielten. Wochenlang hatte Maria die kleinen Käfiginsassen ignoriert, doch als sie eines späten Abends durch die schwach beleuchtete Küche kam, nahm sie offenbar zum erstenmal Notiz von ihnen und machte einen sportlichen Ausfall gegen einen der Sittiche. Natürlich flatterte er auf und erschreckte damit die Mäuse und den anderen Sittich, worauf Maria bald wie toll um den Käfig jagte und versuchte, die in panischer Angst herumflatternden und kopflos durcheinander laufenden Tiere zu fangen. Ich hätte Maria das Jagen sofort verbieten müssen. Da sie die gefangenen Tiere zwar ängstigen, aber nicht verletzen konnte und ihre vollkommen unaggressive, freudige Hetzjagd mich sehr faszinierte, schaute ich jedoch weiter hin und ließ es wider besseres Wissen zu, daß der Schrecken andauerte.

Doch plötzlich traf Maria ein solcher Stoß in die Seite, daß sie jaulte und ins Stolpern geriet. Bingo war unbemerkt in die Küche gekommen und baute sich nun zwischen der erstaunten Maria und dem Käfig auf. Maria fing sich aber sofort und jagte, ohne Bingo zu beachten, weiter um den Käfig. Da bellte Bingo mit großer Bestimmtheit – ein Bellen wie ein Schrei – und warf sich noch einmal gegen Maria. Verwundert hielt Maria inne. Doch dann, wie Hunde es tun, wenn eine Situation ihnen über den Kopf wächst, wandte sie sich einfach ab, indem sie sich in die andere Ecke des Zimmers zurückzog, um zu beobachten, was geschehen würde. Danach rührte sie sich nicht mehr von der Stelle. Wir alle schwiegen in dem halberleuchteten Raum, Bingo vor Erregung zitternd und heftig keuchend, während er Maria im Auge behielt, Maria überwältigt von dieser unerwarteten Wendung der Dinge, ich durch meinen eigenen Hund beschämt und die Mäuse und Sittiche ruhig und erschöpft. Bingo blieb auf seinem Wachposten, bis Maria die Küche verließ. Da streckte ich entschuldigend die Hand nach ihm aus. Ruhig und bescheiden berührte er meine Finger ganz leicht mit der Zunge.

Was war geschehen? War es Bingo darum gegangen, die hilflosen Mäuse und Vögel zu verteidigen? Möglich wäre das, aber ich glaube, es gibt bessere Erklärungen. Bingo könnte beispielsweise die Mäuse und Sittiche so gesehen haben, wie größere Hunde die Tiere auf einem Bauernhof sehen, nämlich als bewegliches Gut ihres Herrn, das es zu schützen gilt. Oder vielleicht betrachtete er Marias starke Erregung als Entgleisung und wollte die Situation wieder unter Kontrolle bringen. Was auch immer seine Sichtweise, seine Tat spricht für die Stärke seiner moralischen Überzeugung. Tatsache ist, daß verliebte Rüden ihren Weibchen so gut wie alles durchgehen lassen, während Bingo Maria von einem Verhalten abbrachte, das er nicht richtig fand.

Ungefähr um diese Zeit betrat ein vierter Hund die Szene. Dieser Hund war Misha, dessen Besitzer ihn zu einem Probeaufenthalt in unser Haus brachten, um ihn vor ihrer Abreise nach Europa an sein neues Quartier zu gewöhnen. An der Leine zerrend, stürzte er vor ihnen durch die Tür. Wir machten ihn gerade los, als Maria aus der Küche kam und Bingo gravitätisch die Treppe herunterstieg, um zu sehen, wer an der Tür sei. Bingos übliches Rollenspiel in dieser Situation bestand darin, scharf zu bellen, bis der Besuch eingelassen war, dann zur Begrüßung oder Genehmigung seine Vorderpfoten gegen die Knie des menschlichen Neuankömmlings zu stemmen und schließlich mit hocherhobenem Kopf und Schwanz langsam vor ihm oder ihr herzugehen, als ob er den Besuch ins Haus führe. Drauf und dran, es auch dieses Mal so zu halten, blieb Bingo wie angewurzelt stehen, als er Misha, den großen fremden Husky, erblickte, und dann begann er, drohend gegen ihn vorzurücken.

Doch Misha nahm den kleinen Mops kaum wahr. Seine und Marias Augen hatten sich getroffen. Über Bingos Kopf schnellte er mit einem Satz und kam rutschend zum Halt vor Maria, die ohne zu zögern auf die Ellenbogen fiel und ihn zum Spielen aufforderte. *Fang mich*, sagte ihre Geste. Und das tat Misha. Schwerelos wirbelten die beiden entzückten Tiere durch das Zimmer, sprangen vom Sofa über den Sessel und den Fenstersitz zum Tisch und wieder über das Sofa, vollkommen lautlos bis auf ein Scharren, wenn sie die Möbel streiften, und ab und zu einen Knall, wenn ein zufällig angestoßenes Buch oder ein anderer Gegenstand umfiel. Ihre Füße berührten nur selten den Boden. Mit ihren leuchtenden Augen und ihrer überströmenden Energie boten die beiden Hunde in ihrer Lebensfreude ein so wunderschönes Bild, wie ich es nicht oft gesehen habe. Ich hätte ihnen endlos zusehen mögen.

Inzwischen versuchte Bingo, sich bemerkbar zu machen. Er wäre gern vor Misha auf und ab stolziert und hätte, jeder Zoll überlegener Status, zu ihm hochgestarrt, aber da Bingo sich unten am Boden bewegte, Misha aber der eleganten Maria hinterher über die Möbel setzte, blieb sein Imponieren unbemerkt. Da Misha Bingo einfach übersah, verstärkte Bingo seine Drohungen. In dem Moment, als der Husky vom Sofa abprallte, warf Bingo sich ihm in den Weg und versuchte, ihn ins Bein zu beißen. Doch Misha berührte kaum den Boden;

als er wieder abhob, stieß er Bingo unabsichtlich um. Mit lautem Grollen rannte Bingo hinter ihm her. Da kamen wir plötzlich inmitten der federleicht um uns herfliegenden schönen Tiere wieder zu uns, liefen Bingo nach, fingen ihn und brachten ihn in ein anderes Zimmer. Misha und Maria in ihrer gegenseitigen Faszination bemerkten davon nichts. Misha fiel noch nicht einmal auf, daß seine Besitzer das Haus verließen.

Etwa eine Woche nach der ersten Begegnung der beiden fühlte Maria sich paarungsbereit. Die Füße fest gegen den Boden gestemmt und sich über die Schulter liebevoll nach Misha umsehend, schlug sie den Schwanz zur Seite, bis er fast der Länge nach an ihrem Körper lag. Misha stieg auf, indem er seinen Vorderlauf über ihren Rükken schwang. Die beiden vereinigten sich. Noch Jungfrau, kläffte Maria kurz, wehrte sich aber nicht. Bald hingen sie zusammen, worauf sie sich mit zurückgelegten Ohren und weichen, lächelnden Gesichtern, offenen Mündern und fliegendem Atem, während ihre Körpertemperatur hochschnellte, Rumpf an Rumpf drehten und zu Boden sanken. Erst lange Zeit später trennten sie sich, worauf sie sich einander zuwandten, sich zu küssen begannen und dann im Raum herumtollten. Die Tür zum Hof stand offen. Hinaus flitzten Misha und Maria und liefen übermütig miteinander um die Wette. Zu Bingos Ehre, der bei der Paarung dabei war, sei gesagt, daß er sich im Geist mit den beiden freute. Mit weichem Gesicht sah er immer wieder liebevoll zu uns her, als ob er unsere Zustimmung zu dem großen Ereignis einholen wolle. Die meiste Zeit aber blieb er in der anderen Zimmerecke, abseits von Misha und Maria und näherte sich ihnen nur ein- oder zweimal, stillvergnügt (wie viele Hunde es in Gegenwart eines kopulierenden Paars sind), aber ohne jede Erwartung, ja noch nicht einmal hoffend, er möge auch zum Zuge kommen.

Er hatte recht, sich keine Hoffnungen zu machen, da Maria ihn nie ermutigt hatte. Sie ließ ihn auch nie an sich heran, anders als viele Hündinnen, die sich bei einer Paarung mit mehr als einem Rüden oder an verschiedenen Tagen mit verschiedenen Rüden einlassen, was dazu führt, daß die Jungen eines Wurfs unterschiedliche Väter haben. So sorgsam hob Maria sich für Misha auf, daß sie beim Urinieren nicht markierte, wie läufige Hündinnen es oft tun, indem sie sich halb hinkauern, ein Bein heben und ihren Urin an den Fuß eines großen, am Straßenrand gelegenen Objekts wie etwa einen Baum spritzen, so daß ihr Duft durch die Füße der Vorübergehenden weit und breit verteilt wird. In späteren Jahren, als sie Misha nicht mehr hatte, machte Maria ihren sexuellen Zustand auf diese Weise bekannt. Dann zeigte sie sich auch bereit, andere Rüden anzunehmen. (Bingo jedoch nie.)

Vom ersten Tag ihrer Bekanntschaft an fraßen Misha und Maria zusammen, gingen zusammen hinaus und schliefen Fell an Fell. Als Mishas Besitzer ihn nach seinem Probeaufenthalt bei uns abholen kamen, mußten sie ihn wegzerren; aber schon nach einer Stunde war er über ihren Zaun gesprungen und wieder bei uns. Dann befreite er Maria aus unserem Garten, indem er den Zaun unterhöhlte, und sie wurde seine Reisegefährtin. Sie blieben den ganzen Tag weg, oft auch die ganze Nacht, und am Morgen fand ich sie zusammengerollt auf der Vordertreppe. Als wir Maria wegen des Leinenzwangs dabehalten mußten, wartete sie neben der Tür auf ihren Mann, und wenn er hereinkam, eilte sie auf ihn zu und vergrub ihre Nase in seiner Rückenmähne, während er stehenblieb und geduldig abwartete, bis sie ihn zu Ende untersucht hatte. Dies ist natürlich der Grund, warum Hunde sich an allen möglichen Stellen wälzen. Soziale Geschöpfe, die sie sind, tragen sie die Düfte nach Hause und teilen die Informationen mit ihren Gefährten. Von da an war Mishas Zuhause bei Maria, so wie ihres bei ihm. Zu ihr kehrte er von seinen Streifzügen zurück, wenn wir sie nicht mit ihm gehen ließen. Während seiner Abwesenheit saß sie neben der Tür oder schaute zum Fenster hinaus und wartete auf ihn. Sobald sie ihn sah, sprang sie auf, so daß wir wußten, daß wir jetzt die Tür aufmachen und ihn hereinlassen mußten. Gängigem Vorurteil nach ist romantische Liebe mit der daraus erwachsenden sexuellen und sonstigen Treue kein

Gefühl, das man Hunden zuschreiben könnte, ohne sie zu vermenschlichen. Keineswegs. Die Geschichte von Misha und Maria zeigt nicht weniger als irgendeine menschliche Liebesgeschichte den evolutionären Wert romantischer Liebe. Die Macht, die Romeo und Julia zueinander trieb, ist nicht weniger stark und wichtig, wenn sie von einer nichtmenschlichen Spezies empfunden wird. Schließlich gibt die Stärke der Bindung dem Männchen nicht nur größere Sicherheit, daß er statt Tybalt oder Bingo der Vater der später zur Welt kommenden Kinder ist, sondern führt auch dazu, daß beide Eltern bereit sind, bei der Aufzucht dieser Kinder zusammenzuarbeiten.

Marias und Mishas Junge sollten das fünfte, sechste, siebte und achte Mitglied unserer Hundegesellschaft werden. Geboren wurden sie vor Tagesanbruch an einem Maimorgen, nach einer schwierigen Nacht. Maria verschmähte die bereitgestellte Wurfkiste und suchte sich statt dessen einen Platz hinten in meinem Schrank, wo sie sich bis zum Beginn der Wehen versteckte. An diesem Punkt verließ sie jedoch der Mut, und als die Geburtsstunde nahte, geriet sie in Panik und fing an, verzweifelt nach einem besseren Platz zu suchen. Die Treppen hinauf und hinunter schleppte sie sich, weinend, wie außer sich, während ihre Weichen hervortraten und Blut und Fruchtwasser ihre wunderschöne Hinterfront besudelten. Misha war bei seinen Besitzern, aber Bingo und Violet waren zu Hause, sahen alles mit an und machten jedesmal bereitwillig Platz, wenn sie vorüberhastete. Nichts, was einer von uns hätte sagen oder tun können, konnte Maria beruhigen. Unerfahren mit dem schwersten Moment ihres Lebens konfrontiert, war sie verängstigt und sehr allein.

Schließlich entschloß sie sich, zu mir auf mein Bett zu kommen, und zwar keinen Moment zu früh. Schon erschien ein weißes Junges – das später mein geliebter Schlittenhund Suessi werden sollte, siegreicher Held der winterlichen Rennstrecken, der in seinen älteren Jahren frei umherstreifte wie sein Vater, nicht in der Stadt, sondern in den Wäldern, wo er ein Kojoteweibchen fand und zur Frau nahm. Doch all das ist eine Geschichte für sich. In dem Augenblick, von dem ich hier spreche, hatte er kaum Atem geholt, als ihm auch schon ein schwarzer Welpe folgte, sein starker Bruder Windigo. Ihm wiederum folgte ein Zwillingspärchen, ein Männchen und ein Weibchen, Zooey und Moira, grau und weiß wie Misha. Als das Gebären eingesetzt hatte, hatte Maria einen Moment aufgeschrien, ihre Angst und ihre Schmerzen aber sofort weggedrängt und sich an die Arbeit gemacht. Sachverständig steckte sie ihren Kopf unter ihrem aufgestellten Schenkel durch und befreite, die Schnauze an der Vulva, jedes ausgetriebene Kind von der Fruchthülle. Mit der Zunge leckend, mit den Schneidezähnen zupfend, schob Maria zügig jedem Neugeborenen die Fruchthülle von den Nasenlöchern weg. Sie zog die Membran ins Maul, bis das Kleine bis zu den Hüften befreit war, während die Fruchthülle wie ein kleines Hemd um seinen Nabel hing und die Nabelschnur zwischen Marias scharfe Reißzähne zu liegen kam. Dann biß sie zu, durchtrennte die Nabelschnur und verschlang die Fruchthülle, während sie zugleich das Junge mit der Nase zu ihrem Bauch hinstupste. Auf diese Weise war sie bereit, die Nachgeburt aufzufressen, sobald sie austrat. So rasch bewältigte Maria jede Entbindung, so sauber hielt sie ihren eigenen Körper, ihre Jungen und ihr Nest, daß es in dem Augenblick, als das vierte Junge, die kleine Moira, sicher abgenabelt war, nichts mehr zu säubern gab. Nun klappte Maria ihren Schenkel gegen ihren Bauch und rollte ihren Körper zu einer Faust zusammen. Und zu meiner großen Überraschung hob sie den Blick und sah mich fast feindselig an. *Was schaust du denn so?* schien sie zu fragen.

In der Tat. Zu sehen gab es nichts außer der fest zusammengepreßten Maria, den Kopf und die Ohren erhoben, die Augen hart, der Blick stetig und direkt, als deute sie in meine Richtung und zugleich zur Tür. Schenkel sind für Hunde, was Arme für Menschen sind, wenn es um das Beschützen von Babys geht, und Marias angespannte Schenkel verbargen ihre Jungen, als hätte es sie nie gegeben. *Ist alles in Ordnung? Möchtest du ein bißchen Wasser trinken?* fragte ich und hielt ihr den Napf hin. Sie starrte mich teilnahmslos an, als ob ich eine Fremde wäre. Also ging ich. Später kam ich wieder und versuchte, ihren Schenkel zu öffnen, um die Jungen zu sehen. Marias Gesichtsausdruck änderte sich nicht, aber sie krampfte sich sogar noch fester zusammen. Ich begriff, daß ich ihre Jungen nicht zu Gesicht bekommen würde, es sei denn, ich würde mich entschließen, Gewalt anzuwenden, was ich aber nicht wollte. Statt dessen bot ich ihr Wasser, Milch und Fressen an. Aber das war nicht, was Maria wollte. Menschen aus dem Zimmer! war ihr Wunsch, also verließ ich sie wieder. Als ich sie das dritte Mal besuchte, beschloß sie, mir kurz zu vertrauen und jagte die Treppe hinunter, um sich draußen zu erleichtern. Im Nu kam sie außer Atem wieder angeschossen, hopste aufs Bett und legte sich wieder zu ihren Kindern, die inzwischen alle warm und rosig und sauber waren und, sorgfältig zu einem Knäuel zusammengeschoben, fest schliefen. Von da an und für den Rest ihres langen Lebens war sie eine hingebungsvolle, ausgezeichnete Mutter, eine Hundemadonna. Zu Recht trug sie den Namen Maria.

Am nächsten Tag wurde Misha von seinen Besitzern zu uns gebracht, um seine Jungen zu sehen. Keiner von uns war auf das gefaßt, was nun geschah. Misha trottete herein, lebhaft und freundlich wie immer, aber beim Anblick von Maria blieb er unvermittelt stehen und änderte seine Haltung schlagartig. Es war, als falle er ganz langsam ein wenig in sich zusammen, während er, ganz allein und regungslos in der Mitte des Zimmers stehend, Kopf, Ohren und Schwanz senkte und Maria unverwandt ansah.

Wir hatten sie inzwischen gedrängt, in eine passende Wurfkiste zu ziehen, und darin lag sie nun auf der anderen Seite des Raums, zusammengerollt, den starken Schenkel wie üblich krampfhaft an den Körper gepreßt, so daß sie ihre Kinder mit eiserner Faust gegen ihre Zitzen drückte. Hocherhobenen Kopfes, die Ohren steil aufgerichtet, die Augen weit offen, starrte sie über die Wand der Kiste hinweg gespannt auf Misha. Ihre Lippen waren zurückgezogen, entblößten aber nur ihre Schneidezähne, während die Anspannung ihres Gesichts verriet, daß sie jeden Moment gähnen und auch ihre Eckzähne zeigen könnte. Doch wenn ihr Gesicht kein Willkommen ausdrückte, so war es zugleich ohne Furcht. Hier war eine Hündin, die bereit war, sich um ihrer Jungen willen auf jeden zu stürzen, die sich aber sagte, im Augenblick zumindest sei das noch nicht notwendig. Einen Moment lang sahen sich die beiden Hunde nur an, Maria mit sehr offenem, entschlossenem und wachsamem Ausdruck, Misha sehr sanft, beruhigend, fast vorsichtig. Darauf senkte Misha langsam und ruhig den Kopf noch mehr, ruckte mit dem Bauch, und die Augen keinen Moment von Maria abwendend, erbrach er sich.

Nun fingen Mishas menschliche Zuschauer alle gleichzeitig an zu reden und über die Hintergründe dieser seltsam erscheinenden Handlung zu spekulieren. Vielleicht machte ihn der Gedanke an Junge nervös? Vielleicht war ihm aus Erregung oder Eifersucht schlecht geworden? Doch das waren nicht die Gründe, warum Misha sich erbrochen hatte. In Wirklichkeit teilte er Maria dadurch mit, daß er sie und ihre gemeinsamen Kinder ernähren würde. Er überließ ihr die Nahrung, die er im Augenblick bei sich trug, und dieses Geschenk enthielt das Versprechen, daß mehr nachkommen würde. So versorgen erwachsene Wölfe ihren Nachwuchs.

Das Rätsel, das Misha uns aufgab, war also nicht, warum er sich erbrochen hatte, sondern woher er von den Jungen wußte. Da stand er, gerade zwei Jahre alt, von Menschen aufgezogen und ohne jede Erfahrung als Hundevater. Er hatte die tief in der Box verborgenen, zwischen Marias Flanke und Schenkel eingeklemmten Welpen auf keinen Fall gesehen. Noch nicht einmal Gott bekam Marias Welpen zu sehen. Woher also wußte Misha, daß es sie überhaupt gab? Diese Frage ist nicht leicht zu beantworten. Da die Jungen kein Geräusch machten, konnte er sie nicht gehört haben, und da sie – zumindest für menschliche Nasen – geruchlos waren, hatte er sie wahrscheinlich auch nicht gerochen. Falls aber doch, woher konnte er dann wissen, was dieser Geruch bedeutete? Marias Haltung und Gebaren hatten ihm zweifellos mitgeteilt, daß sich seit ihrem letzten Zusammensein etwas verändert hatte, aber woher wußte er, unerfahren, wie er war, was ihr Verhalten bedeutete? Er wußte es jedoch. Kein Hund hat je klarer zu erkennen gegeben, daß er wußte, was vorging, als Misha an jenem Morgen.

Als Vater war Misha vom gleichen Schlag wie die Baffin-Wölfe. Als seine Jungen noch klein waren, war es ihm nicht recht geheuer, wenn sie ihm zwischen den Beinen herumliefen. Er suchte sich lieber einen etwas erhöhten Platz, und deshalb zog er sich, wenn sie auf dem Fußboden herumwuselten, auf einen Sessel oder auf das Sofa zurück. Als seine Jungen vier Monate alt waren, nahm er manchmal das Älteste mit auf Fahrt. Zuerst war ich entsetzt, als ich entdeckte, daß Misha und das weiße Kleine weg waren (Misha war über den Zaun gesprungen, und das Kleine hatte sich durch einen frischgegrabenen Tunnel darunter durchgezwängt). Nicht nur, weil Mishas erzieherische Fähigkeiten noch völlig unerprobt waren, sondern weil ich kein entsprechendes Verhaltensvorbild bei Wölfen kannte, das Misha ermöglicht hätte, im Notfall auf Instinkte zurückzugreifen. Vor meinem inneren Auge sah ich Misha sich für etwas anderes interessieren und sein Junges vergessen, das dann, weit weg von zu Hause und ohne Führer, verloren wäre. Doch das geschah nie. Mit der Zeit zeigte sich, daß Misha sich nicht sehr weit entfernte, wenn der zarte junge Suessi bei ihm war. Offensichtlich wanderte er auch nicht sehr schnell, überquerte keine gefährlichen Highways und wagte sich nicht in das Revier des Bernhardiners. Soviel ich weiß, bewegte er sich meist durch die Gärten hinter den Häusern oder am Rand eines großen Friedhofs entlang, wo der Verkehr ruhig war und nicht überraschend gefährliche Artgenossen gelaufen kamen. Hätte ich nicht zufällig einen der Friedhofswächter kennengelernt, hätte ich vielleicht nie erfahren, was die beiden Hunde trieben, denn ich konnte nicht guten Gewissens mit einem unerfahrenen Welpen umherstreifen, selbst wenn Misha mich dazu aufgefordert hätte, was er jedoch nie tat.

Ich vermute jedoch, daß der weiße Welpe, Suessi, seine unerreichten Navigationsfertigkeiten den Ausflügen verdankte, die er als junger Bursche mit seinem Vater unternommen hatte – Fertigkeiten, die ihm während seines ganzen langen und interessanten Lebens zugute kamen, unter den dramatischsten Umständen vielleicht in einer Frostnacht in New Hampshire, als er, ein uralter, schwacher, an der Alzheimer-Krankheit leidender Greis, während eines Blizzards in den Wald lief. Vielleicht hatte er dabei an seine Kojotefrau gedacht, die kurze Zeit zuvor aus diesem Gebiet verschwunden war. In höchster Aufregung lief ich suchend und rufend durch die Felder, bis ich endlich seine ausgemergelte Gestalt mit großen Schritten durch das Schneegestöber kommen sah, nicht in Richtung meiner Stimme, sondern auf dem Weg nach Hause. Vielleicht war es eine Folge der guten Schule seines Vaters achtzehn Jahre vorher, daß die Verwirrung, die

Suessis Alzheimer möglicherweise über ihn brachte, nie sein Wegegedächtnis erreichte.

Suessi war der erstgeborene Welpe und als ausgewachsenes Tier das ranghöchste unter seinen Wurfgeschwistern. Er blieb das ranghöchste Männchen unserer Gruppe nach Misha. Direkt unter ihm stand das als nächstes geborene Junge, der schwarze Rüde Windigo, und dritter war der männliche Zwilling, Zooey. Bingo zählte in den Augen der Huskys nicht, abgesehen davon, daß die Welpen ihn, solange sie klein waren, respektierten. Suessi und Windigo hatten fast die gleiche Höhe und das gleiche Gewicht, und der soziale Unterschied zwischen ihnen war kaum wahrnehmbar. Sie verbrachten ihr Leben zusammen, in vollkommener Freundschaft. Sie kämpften nie gegeneinander und taten sich meines Wissens nur einmal zusammen, um gegen einen anderen Hund zu kämpfen. Ihr Widersacher war der junge Husky einer Freundin, den ich vorübergehend bei uns aufgenommen hatte. Zu meiner Überraschung verband der junge Rüde soziale Unwissenheit mit einer unrealistischen Einschätzung seiner eigenen Macht und versuchte, meine älteren Hunde zu dominieren. Diese beachteten ihn lange Zeit nicht. Wenn Hunde miteinander kämpfen wollen, tun sie das gewöhnlich ganz kurz nach dem gegenseitigen Kennenlernen oder überhaupt nicht, und da es keine Raufereien gegeben hatte, nahm ich an, es sei alles in Ordnung, und überließ die Gruppe sich selbst.

Offenbar hielten Suessi und Windigo es nicht für nötig, sich selbst dem Fremden gegenüber zu beweisen, ihm eine Lektion zu erteilen oder ihn zu zwingen, ihren hohen Status anzuerkennen. Das hieß jedoch nicht, daß sie seine Großtuerei endlos dulden wollten. Eines Tages beschlossen sie zu meiner Verblüffung schlicht und einfach, den jungen braun-weißen Husky umzubringen, und waren, zusammen mit zwei ihrer Neffen, bereits dabei, ihn einzukreisen, als ich dazukam. Ich durchbrach den Ring der Hunde und warf mich über den Youngster, der all seiner früheren Arroganz zum Trotz genau begriff, was ich tun wollte, und nun offenbar auch die Situation nicht länger verkannte, denn er hinderte mich nicht daran, ihn auf den Boden zu drücken, sondern arbeitete an seiner eigenen Rettung mit, indem er sich trotz seiner Wunden ruhig und unterwürfig verhielt. Meine eigenen Hunde betrachteten mich nur als Hindernis und versuchten, sich an mir vorbei auf ihr Opfer zu stürzen. Aus meiner Position am Boden, ganz dicht vor den angespannten Gesichtern der Hunde, blickte ich direkt in ihre Augen, und ich sah darin keine Wut, keine Furcht, keine Drohung, kein Zeichen von Aggressivität, sondern nur Klarheit und überwältigende Entschlossenheit. So durchschlagend ist die psychologische Wirkung eines hohen Status, zumindest bei Hunden.

So gut wie alle Kämpfe unter Hunden entstehen aus Statusunstimmigkeiten, die eigentlich Fragen der Rangordnung sind und Hunde interessanterweise sogar dazu bringen können, Kinder zu beißen. Viele Hunde unterwerfen sich gern und willig erwachsenen Menschen, sind sich aber zu gut dazu bei menschlichen Kindern, denn die haben ja, wie jeder sehen kann, noch keinen hohen Status erreicht. Wenn Hunde Kinder beißen, sind das im Grunde gar keine Bisse, sondern Ohrfeigen mit den Zähnen, disziplinarische Maßnahmen, die Hunde auch bei ihren eigenen Kindern anwenden, aber, soweit ich beobachtet habe, nur, wenn diese es auf irgendeine Art an Respekt fehlen lassen, oder, anders gesagt, wenn sie die Langmut der ranghöheren älteren Hunde ausnutzen. Will eine Hündin ihre Jungen disziplinieren, dann entblößt sie ihre vorderen Zähne bis zum Gaumen und gibt dem Kind mit der Seite einer ihrer langen Eckzähne einen kräftigen Klaps, den sie oft mit einem kurzen, aber furchterregenden Knurren untermalt. Das alles geht sehr schnell vor sich und erscheint dem entsetzten menschlichen Beobachter natürlich als ein schrecklicher Biß, vor allem wenn der Hund auf diese Art ein menschliches Kind bestraft, aber es ist kein Biß, und die Technik erklärt, warum Hunde, die Kinder zu beißen scheinen, in Wirklichkeit noch nicht einmal die Haut ritzen.

Anders als der braun-weiße Husky lernen die meisten Hunde schon als ganz kleine Welpen, den gehobenen Status der ihnen Übergeordneten anzuerkennen. Dies rettete einmal einem kleinen Yorkshire-Terrier das Leben, der, in Karomantel, mit Stiefelchen und Haarschleife, an der Leine seiner Besitzerin durch unsere Straße trippelte. Ich wollte gerade mit dem Auto wegfahren, und meine Hunde standen auf dem Gehweg und warteten darauf einzusteigen, als sie zu meinem Entsetzen plötzlich anfingen, dem kleinen Wesen hinterherzujagen. Schlimmer noch, anstatt in einiger Entfernung vor dem Yorkie anzuhalten, wie Hunde es bei Begegnungen mit anderen Hunden tun, liefen sie, wie bei der Kaninchen- oder Katzenjagd, direkt auf ihn zu. Ich schrie auf, die Besitzerin des Yorkies schrie auf, aber, was das Wichtigste war, der Yorkie selber schrie auf und rollte sich auf den Rücken. Dies ließ meine Hunde abrupt stoppen. Entsetzt und auf einmal still, starrten sie auf das steif daliegende kleine Geschöpf zu ihren Füßen, das, den Schwanz fest zwischen die Beine geklemmt, zu ihnen aufsah und zugleich Wasser ließ. Die Besitzerin des Yorkies hatte ihn zu allem Unglück mit Kölnischwasser begossen. Das und seine Kleider hatten ihn so erfolgreich getarnt, daß meine Hunde ihn für ein Exemplar irgendeiner anderen Spezies gehalten hatten. Wahrscheinlich hatten sie nicht lange überlegt, was er eigentlich war; für sie gab den Ausschlag, was er nicht war – nämlich ein Hund wie sie selber mit allen Rechten und Privilegien eines solchen. Seine eigene Geistesgegenwart und nicht ich oder seine verschreckte Besitzerin hatten dem Yorkshire-Terrier das Leben gerettet. Die rituellen Handlungen, sich auf den Rücken zu werfen, den Schwanz einzuklemmen und wie ein Welpe Wasser zu lassen, hatten ihn, wie auch sein Schreien, demaskiert und als hundeinterne Codewörter für die eigene Art und für niederen Status seine Jäger in spe gerade noch rechtzeitig auf ihren Irrtum aufmerksam gemacht.

Solange rangniedrige Hunde ihren Platz kennen und akzeptieren, brauchen sie keine Angriffe von ranghohen Tieren zu befürchten. Außerdem kann respektvolles Zurschaustellen des eigenen niederen Rangs einem Hund die Mitgliedschaft in einer Gruppe sichern, von der er ausgeschlossen bliebe, wenn die «großen Tiere» dieser Gruppe ihn als Rivalen betrachten würden. Hunde leben gern in überschaubarer Gesellschaft und gruppieren sich zu diesem Zweck wie auf den Stufen einer Leiter, die Männchen auf der einen Seite, die Weibchen auf der anderen. In manchen Hundegesellschaften wird dieses Hierarchiesystem so willig befolgt, daß es kaum je zu

Reibereien kommt. Und das genau ist der springende Punkt. Zu wissen, wer wer ist, macht Zank und Streit überflüssig.

Vollkommenes soziales Gleichgewicht ist manchmal nicht leicht zu erreichen. Das erfuhren wir und unsere Hunde im Jahr, nachdem Maria ihre Jungen geboren hatte und es in unserer Hundegruppe ein paar tiefgreifende Veränderungen gab. In jenem Frühjahr gaben Mishas Besitzer ihn weg.

Wir hätten ihn selbstverständlich gern bei uns behalten, aber einige unserer Nachbarn waren, mit dem Recht auf ihrer Seite, so vehement dagegen, daß das nicht ging. Statt dessen fanden seine Besitzer in einem anderen Bundesstaat einen neuen Platz für ihn, in einem Haus auf dem Land, bei Menschen, die gut zu Hunden waren, so daß wir annahmen, daß Misha glücklich war, außer daß seine Familie ihm gefehlt haben muß. Seine Familie sehnte sich sehr nach ihm. Er und Maria hatten gespürt, daß etwas nicht stimmte, als seine Besitzer zum letztenmal gekommen waren, um ihn abzuholen, und Maria hatte verzweifelt versucht, sich mit Misha aus der Tür zu drängen. Als wir sie zurückhielten, lief sie rasch zum Fenstersitz und beobachtete, mit dem Rücken zum Zimmer, wie Misha mit Gewalt ins Auto verfrachtet wurde. In den Wochen danach verließ sie die Fensternische nicht, sondern saß, mit dem Gesicht zum Fenster und dem Schwanz zum Zimmer, verkehrt herum auf dem Sitz, sah hinaus und wartete auf Misha. Schließlich muß ihr bewußt geworden sein, daß er nicht wiederkommen würde. Da veränderte sich etwas in Maria. Sie verlor ihr Strahlen und wurde depressiv. Sie bewegte sich schwerfälliger, war weniger ansprechbar und wurde rasch wütend über Dinge, die sie zuvor kaum zur Kenntnis genommen hätte. Sie interessierte sich auch weniger für ihre Jungen, die bis dahin allerdings auch schon fast erwachsen waren.

Ihre Niedergeschlagenheit griff mir ans Herz. Ich gewöhnte mir an, ihr am Spätnachmittag eine Kugel Eis zu geben, ungefähr um die Zeit, als Misha immer auf Besuch gekommen war. Da hellte sich ihre Miene kurz auf, und sie fraß das Eis – sie mochte Eis –, also wird es ihr für den Moment, den sie es auf der Zunge hatte, wohl gutgetan haben. Aber selbst für einen Hund ist Nahrung auf die Dauer kein Allheilmittel. Maria erholte sich nie mehr von ihrem Verlust, und wenn sie auch ihre Stellung als Alphaweibchen nie einbüßte, lag ihr doch nichts mehr an einer dauernden Bindung zu einem Männchen, obwohl im Lauf der Jahre mehrere heiratsfähige Rüden in unser Haus kamen.

Im selben Frühjahr verließ uns Marias Tochter, Moira, mit ihrem Besitzer, einer Studentin, die in unserem Haus gewohnt hatte, und Moiras Zwillingsbruder, Zooey, kam in die Familie meines Schwagers. Im darauffolgenden Herbst erschienen ein weibliches Dingobaby, Viva, und eine geschlechtsreife Huskyhündin, Koki, auf der Bildfläche. Viva war so klein, daß ich sie mir unter den Pullover steckte, um sie zu wärmen, sie mit einem Babyfläschchen fütterte und ihre Ausscheidung förderte, indem ich mit einem Wattebausch über ihre Leistengegend strich, wie ihre Mutter es mit der Zunge getan hätte.

Der Husky, Koki, war eine Indianerhündin, die in einem Indianerdorf zur Welt gekommen war. Sie war eine Sklavin, auf Schnee geboren, um an der Kette zu leben. Doch sie hatte Kraft, war ein Schlittenhund und eins der intelligentesten Tiere, das ich je gekannt habe. Ich wollte sie zur Anführerin eines Hundegespanns machen, eine Aufgabe, die sie perfekt meisterte, nachdem es ihr gelungen war, ihre Ängste zu überwinden. Offensichtlich hatte sie in ihrer Kindheit in den Dörfern des hohen Nordens ein Hundeleben geführt: Das Geräusch eines durch die Luft sausenden Gegenstands – vielleicht ein Seil oder ein Stock – verwandelte Koki in ein zitterndes Häufchen Elend, so daß sie mit gesträubtem Haar zu Boden sank, mit den Zähnen klapperte und ihr Blick vor Angst flackerte. Das gleiche geschah, wenn die Stimme eines Mannes verriet, daß er Alkohol getrunken hatte. Er brauchte nicht betrunken zu sein, um Koki zu verstören; die bloße Andeutung in der Stimme genügte. Koki schaffte es nie, diese Schrecken hinter sich zu lassen, aber sie begriff doch, daß ihr in unserem Hundeteam keine Angriffe drohten, selbst wenn etwas schiefging, während sie führte und damit vermeintlich für alles verantwortlich war. Außerdem war sie mir dankbar. Deshalb wurden die winterlichen Schlittenrennen in den darauffolgenden Jahren für sie und für mich zu einem Genuß. Doch zuerst mußte sie ihren Platz in der Gemeinschaft der anderen Hunde finden.

Am Anfang verhielt Koki sich den übrigen gegenüber abwechselnd feindselig oder ängstlich, was, wie ich fand, eine Menge über ihre frühen Erfahrungen als Schlittenhund aussagte. Maria hatte nicht mehr für Koki übrig als Koki für Maria, und die beiden fielen bei jeder Gelegenheit übereinander her. In ihren Kämpfen wurden ihre Körper und meine Hände und Arme übel aufgerissen. Überflüssig zu sagen, daß ich versuchte, die beiden Hündinnen getrennt zu halten, und die meiste Zeit gelang mir das auch. Während Koki sich in meinem Arbeitszimmer und im Vorgarten aufhielt, blieb Maria mit den anderen Hunden im Bereich der Küche und des rückwärtigen Gartens. Koki hatte mich, aber Maria hatte das Rudel. Wenn wir zu Schlittenrennen gingen, blieb Maria zu Hause oder im Auto (sie hatte einen schlimmen Fuß), während Koki die anderen Hunde anführte. So freundete Koki sich zwar allmählich mit ihnen an und hatte während der Arbeitszeit die Position der Alphahündin inne, aber Maria war das eigentliche, anerkannte Alphatier, ohne Frage die Nummer eins unter allen Männchen und Weibchen, einschließlich Kokis, und jeder wußte das. Es überrascht nicht, daß Marias Vorrangstellung gegenüber Koki nicht bedeutete, daß sie Koki als Gruppenmitglied akzeptiert hätte, sondern daß sie die Autorität besaß, Koki wegzujagen, und so blieb es weiterhin unumgänglich, die beiden Weibchen voneinander zu trennen. Die Aufteilung der Bereiche stellte beide Tiere einigermaßen zufrieden bis zum Beginn des Frühjahrs, als sie heiß wurden.

Wer weiß, was Hündinnen läufig werden läßt. Lange Nächte und kurze Tage? Das Längerwerden kurzer Tage? Andere läufige Hündinnen? Unentdeckte Pheromone? Oder etwas ganz anderes? Was es auch sein mag, obwohl Hunde genausowenig eine feste Fortpflanzungsphase haben wie wir, kommt es bei Hündinnen in Gruppen ebenso wie bei Frauen in Gruppen zu gleichzeitigem Eisprung. Bei meinen Hündinnen fingen meist die ranghohen Tiere an, und in jenem Jahr wirkte das Mysterium auch bei der jungen Viva, der Dingohündin, die ebenfalls läufig wurde. Bingo, der kleine Mops, zeigte diesen Ladys, daß er gern ihr Mann geworden wäre, aber offenbar nahm ihn keine von ihnen ernst.

Wer bekommt in einer Gruppe wildlebender Wölfe Gelegenheit, sich fortzupflanzen? Selbstverständlich nur das dominante Paar, da schon die Aufzucht eines einzigen Wurfs die gemeinsamen Anstrengungen aller Rudelmitglieder erfordert. Was aber, wenn eine Hälfte des dominanten Paars fehlt? Fehlt das Weibchen, dann paart sich das führende Männchen vielleicht mit einer seiner Töchter. Vater-Tochter-Inzest gilt bei den Mitgliedern der Hundefamilie augenscheinlich nicht als besonders verwerflich. Etwas ganz anderes ist aber offenbar der Inzest zwischen Mutter und Sohn. Hunde kennen die Gründe, wir aber nicht, warum viele Hundemütter sich nicht mit ihren Söhnen paaren. Maria jedenfalls dachte nicht im Traum daran. Seltsamerweise galt dieses Tabu, das für sie so beherrschend war, anscheinend nicht für ihre Söhne, die sich ihr ohne Scheu näherten. Beide stellten ihr nach und wurden am Ende sehr aufdringlich. Suessi packte sie sogar am Schwanz und zog sie zu sich her. Maria aber wollte nichts von ihnen wissen und bewegte sich so, daß sie Suessi und

Windigo nie den Rücken zukehrte, um nicht überrascht zu werden. Kamen die beiden ihr dennoch zu nahe, stellte Maria sich mit dem Gesicht zu ihnen hin, ließ sich auf ihr Hinterteil nieder und bleckte die Zähne.

Im Unterschied dazu hätten Koki und Viva die Auswahl unter allen Rüden gehabt. Merkwürdigerweise ließ jedoch keine der Hündinnen erkennen, daß sie sich mit irgend jemandem paaren wollte. Soweit ich sehen konnte, setzten sie weder Duftmarken, noch stellten sie ihren Zustand zur Schau oder lockten Rüden an. Aus menschlicher Sicht gab es keinen plausiblen Grund für dieses Verhalten. Ich vermute jedoch, daß Maria einen subtilen Zwang auf die beiden ausübte. In freier Wildbahn können Alphawölfinnen die ihnen untergeordneten Tiere oft allein durch die Kraft ihrer Persönlichkeit davon abhalten, trächtig zu werden: Die Alphas mißbilligen es, daß die Rangniedereren ein männliches Tier annehmen, und die Untergeordneten wissen das. Die Alphawölfinnen teilen ihre Gefühle mit, indem sie die rangniedereren Weibchen starr fixieren, wenn Männchen in die Nähe kommen, und normalerweise genügt dieses Starren, damit die Untergeordneten sich hinsetzen. Das war es wohl, was Maria mit Koki und Viva machte, die, solange sie läufig waren, merkwürdig gedrückt wirkten. Aber ich wollte Koki unbedingt decken lassen, da ich überzeugt war, daß aus ihren Jungen ausgezeichnete Schlittenhunde werden würden, und nachdem ich sie an einen Ort gebracht hatte, an dem Maria von der Sache nichts erfahren würde, brachte ich Koki mit Suessi zusammen.

Möglicherweise stehen auch Rüden unter dem sanften Zwang sozialer Erwartungen. Suessi war nicht viel begeisterter von meiner Idee als Koki. Aber ich behielt die beiden Hunde beieinander, bis sie sich vereinigten. Alles ging glatt. Während des Akts waren sie rührend zärtlich zueinander, obwohl ihnen die Übung im ganzen wenig Genuß brachte, und als es vorbei war, gingen sie ohne weitere Umstände ihrer Wege. Maria merkte sicher, was geschehen war – sie lief nachher auf Suessi zu und beschnüffelte ausgiebig seinen Penis, an dem noch die Gerüche von Koki und der Begattung haften mußten.

Ein paar Tage später kam Marias dritter Sohn, Zooey, wieder zu uns zurück, da die Familie meines Schwagers sich nicht an sein Umherstreifen hatte gewöhnen können. Zooey war kaum über die Schwelle, als Maria geradewegs auf ihn zulief, herumwirbelte, ihren Schwanz zur Seite legte und ihren Sohn auf der Stelle angenommen hätte, wenn wir die beiden nicht gestoppt hätten. Ihre Bereitschaft stellte uns vor ein Rätsel: Warum wollte sie sich mit Zooey paaren, nicht aber mit seinem Bruder? Maria wußte es, wir aber nicht. Möglicherweise erkannte sie Zooey nicht wieder. Er war noch ein Teenager gewesen, als er fast vor einem Jahr weggegangen war, und nun kehrte er als ausgewachsener Hund zurück. Außerdem trug er die Gerüche eines fremden Haushalts an sich. Es wäre nicht verwunderlich gewesen, wenn Maria nicht mehr gewußt hätte, wer er war. Als uns andererseits eine von Kokis Töchtern nach mehr als zweijähriger Abwesenheit besuchte, da meinten alle Anwesenden, unsere Familie ebenso wie die Besitzer der Tochter, die beiden Hündinnen hätten sich wiedererkannt.

Aber ob Maria sich an Zooey erinnerte oder nicht, spielte in Wirklichkeit gar keine Rolle. Letztlich war das einzige, was sie von ihm wollte, besamt zu werden. Davon abgesehen machte sie weder damals noch später den Versuch, mit ihm zusammenzusein, zu spielen oder umherzustreifen, wie sie es mit Misha getan hatte. Zooey hatte in der männlichen Hierarchie an dritter Stelle gestanden, als er uns verließ, und nahm nun bei seiner Rückkehr denselben Platz sofort und willig wieder ein, vielleicht weil der alte Status ihm noch anhing oder weil die Plätze eins und zwei von anerkannten und bestimmenderen Rüden, als er es war, gehalten wurden. Vielleicht wollte Maria ihn tatsächlich wegen seines relativ geringen Ranges nicht als Dauerpartner. Ob sie ihn nun als Fremden betrachtete oder nicht, sie hielt ihn so oder so nicht für einen passenden Gefährten.

Liebe zwischen Hunden kann sehr bewegend sein, aber genauso bewegend ist in meinen Augen eine geschäftsmäßige sexuelle Begegnung, durch die ein Weibchen, das sich wenig oder nichts aus dem Männchen macht, nur gedeckt werden will. Eine funktionelle Paarung, die ich einmal zufällig miterlebte, erschien mir besonders unpersönlich, und ich vermute, Maria hatte etwas Derartiges im Sinn, als sie sich dem heimkehrenden Zooey ohne viel Federlesen anbot. Die Episode ereignete sich auf einem Gehweg in San Juan, Costa Rica, wo eine kleine Hündin für einen ranghohen Rüden «stand». Vier weitere Rüden warteten darauf, ebenfalls zum Zug zu kommen, während ein Männchen (Nummer zwei in der Hierarchie der Anwesenden) das körperlich vereinigte Paar bewachte, indem er leicht nach menschlichen Passanten schnappte, die allzu dicht herankamen. Anders als Misha und Maria, die freudig zusammen herumgetollt waren, tauschten die costaricanischen Hunde nach der Paarung noch nicht einmal einen Blick, sondern setzten sich mit dem Rücken zueinander auf verschiedenen Seiten der Straße hin und beleckten minutenlang ihre Genitalien. Als sie fertig war, stand die Hündin auf, doch die Bewegung verursachte ein erneutes Ausfließen von Samenflüssigkeit, so daß sie sich wieder hinsetzte und sich noch einmal säuberte. Als das getan war, war der ranghohe Rüde verschwunden. Sie ging weg, gefolgt von den übrigen Rüden in der Reihenfolge ihrer Rangposition, wobei jeder von ihnen mehr auf die Schritte der Rivalen achtete als auf die Hündin. Wie Menschen, die in einer Schlange nach Konzertkarten anstehen, in der Erwartung, die Vorstellung zu genießen, ohne mit dem Künstler direkt in Berührung zu kommen, schien den Rüden vor allem daran gelegen, daß keiner sich vordrängle. Marias Paarung mit Zooey wäre ebenso leidenschaftslos verlaufen.

Ich hätte die Szene gern zu Ende beobachtet, und sei es auch nur, um zu erfahren, wie die Hündin mit den Rüden umging, doch das war nicht möglich. Leider war es Abend, und der Gehweg, auf dem sich die Hunde aufhielten, lag direkt vor einer lärmenden Bar in einem ansonsten verödeten, ärmlichen Stadtbezirk. Ich war in Gesellschaft der Wissenschaftsjournalistin Sy

Montgomery, und wir fürchteten, daß die Stammkunden der Bar die Motive zweier Nordamerikanerinnen ohne Begleitung, die nachts in einer menschenleeren Straße Hunden beim Kopulieren zusahen, mißverstehen könnten. Diese Möglichkeit raubte uns die Courage, also gingen wir.

Als schießlich auch Viva, die Dingohündin, läufig wurde, wußte sie, was sich gehört, und zeigte uns allen, daß sie nicht daran dachte, einen Rüden anzunehmen, schon gar nicht, wenn Maria sie weiter so vorwurfsvoll anstarrte. Wer war Viva denn schon, daß sie sich hätte fortpflanzen dürfen? Hätte die Gruppe wild gelebt und versucht, Nachwuchs in einem Bau aufzuziehen, wäre Viva nicht die Mutter des Wurfes gewesen. Sie hätte beim Jagen und Babysitten geholfen, wenn man ihre Anwesenheit überhaupt geduldet hätte. Ich hatte sie immer allein in den Garten gelassen, um ihr Geschäft zu verrichten, was sie sehr umsichtig tat, ohne die geringsten Duftmarken zu setzen, worauf sie sofort wieder ins Haus kam. Eines Tages jedoch beobachtete ich sie gerade durchs Fenster, als ein Springer-Spaniel angeflogen kam. Über den Zaun sauste er und landete mit Karacho direkt neben Viva, während Kies und Grashalme durch die Luft flogen. Sein Name war, wie ich später erfuhr, Misty, aber damals war er für uns noch ein völlig Fremder. Sein plötzliches Auftauchen erschreckte Viva, die, als Wildtier, für Überraschungen nichts übrig hatte und überdies sehr scheu war. Sie raste durch den Garten in Richtung Haustür, ich tat von der Küche her das gleiche und stürzte gerade hinaus, als der Spaniel sie besprang. Quietschend wie ein Hund, der von einem Auto überfahren wird, rollte

Viva sich auf den Rücken und klemmte den Schwanz fest zwischen die Beine, um die Vulva zu bedecken – eine Haltung uneingeschränkten Widerstands und gleichzeitig verschreckter Unterwerfung. Aber der Spaniel ritt wacker auf. Obwohl Viva ihn abzuwerfen versuchte, sich wand, kreischte, trat und biß und ich schreiend und mit den Armen rudernd in höchster Eile auf die beiden zulief, war der Springer, bis ich den Garten durchquert hatte, schon in sie eingedrungen und hing fest. So blieb uns nichts, als abzuwarten, ich wutschnaubend, während die entsetzte Dingohündin bei ihrem vergeblichen Versuch aufzustehen jämmerlich schrie und der mit gespreizten Beinen über ihr stehende Spaniel mit entschuldigender Miene aus meinem Gesicht abzulesen versuchte, ob er in Gefahr sei. Das war er natürlich nicht – Hundetaten lassen sich nicht mit menschlichen Maßstäben messen –, deshalb öffnete ich, als die beiden voneinander loskamen, das Gartentor und ließ ihn in Frieden ziehen. Schließlich hatten wir durch ihn etwas gelernt: daß Hunde vergewaltigen können.

So endete die Läufigkeit unserer Hündinnen. Koki war trächtig von Suessi, Viva war trächtig von dem Spaniel (wir versuchten es mit Hormonspritzen, aber ohne Erfolg), und Maria, die nach den Regeln der Hunde-Etikette als Alphaweibchen die einzige war, die hätte begattet werden dürfen, trug nicht.

Zwei Monate vergingen. Koki war bereit zu gebären. Da ihre Jungen meine und nicht ihre oder sonst jemandes Idee gewesen waren, hatte ich eine Wurfkiste in meinem Arbeitszimmer aufgestellt, wo sie unbeobachtet und unbelästigt würde entbinden können, denn in meinen Augen handelte es sich hier um ein menschliches und nicht um ein Hunde-Ereignis. Koki begriff. Sie warf ziemlich rasch und sicher fünf hübsche Junge, aber ihr Nest war danach nicht so sauber wie Marias, und sie drückte ihre Kleinen nicht so eng an sich, wie jene es getan hatte. Koki lächelte zwar, wenn Menschen sie besuchten, und zeigte ihre Kleinen bereitwillig vor, aber sie schien sich dennoch manchmal unbehaglich zu fühlen, verbrachte weniger Zeit in der Wurfkiste als Maria und war oft genervt von ihrem Nachwuchs. Spät in der Nacht schlug sie einmal ihr erstgeborenes männliches Junges sehr heftig mit der Seite ihres gefletschten Eckzahns, und auf sein Weinen hin liefen alle Hausbewohner, Hunde wie Menschen, vor ihrer Zimmertür zusammen. Obwohl der Welpe, noch immer weinend, auf dem Boden lag, lehnte Koki sich in ihrer Wurfkiste zurück, als ob nichts wäre.

All das heißt jedoch nicht, daß Koki keine gute Mutter gewesen wäre. Sie war eine ausgezeichnete Mutter, die ihre Kinder beschützte und die meiste Zeit auch gut behandelte. Sie war nur nicht wie Maria. Aber schließlich bedeutete die Mutterschaft diesen beiden Hündinnen aufgrund ihrer äußerst unterschiedlichen Erfahrungen etwas anderes. Maria hatte in völliger Geborgenheit auf meinem Bett geworfen. Sie hatte einen liebevollen Mann gehabt und dazu noch die Unterstützung ihrer gesamten Umgebung – hinter ihr hatten nicht nur Misha und die menschlichen Mitglieder des Haushalts gestanden, sondern auch die beiden Möpse, die unter den Umständen als untergeordnete oder Helferhunde fungiert hatten. Kokis erste Erfahrung mit der Mutterschaft hatte dagegen im hohen Norden in einem Zwinger und an einer Kette stattgefunden. Nach ihrem fühlbaren Bedürfnis zu schließen, vom ersten Moment an, als sie bei uns zur Tür hereinkam, um ihr Überleben zu kämpfen, war ihre Beziehung zu ihren früheren Teamgefährten nicht freundschaftlich gewesen. Kein Gedanke an die Geborgenheit, die Maria genossen hatte. Wie bot sich Koki in ihrer zweiten Tragezeit die Zukunft ihrer Welpen dar? Zwei Junge aus Marias erstem Wurf lebten zwei Jahre später als Erwachsene immer noch mit ihr zusammen. Wer weiß, was mit Kokis erstem Wurf geschehen war und wie klein die Welpen gewesen waren, als man sie ihr weggenommen hatte. Marias erstes Gebärerlebnis hatte sie gefühlvoll und leidenschaftlich gemacht. Koki war durch ihre erste Erfahrung als Mutter bitter und ängstlich geworden.

Doch vielleicht bezog sich Kokis Unbehagen ebensosehr auf die Zukunft wie auf die Vergangenheit. Sicher wußte sie, daß

Viva ebenfalls trächtig war, und glaubte, etwas unternehmen zu müssen, um ihre eigenen Kinder zu retten. Die arme kleine Viva verstand zweifellos, daß etwas nicht in Ordnung war; sie winselte viel und wich mir nicht mehr von der Seite, als die Zeit der Entbindung nahte. Mit ihren acht Monaten war sie ja selber noch ein Kind, und sie hatte Angst. Da mein Mann zu der Zeit gerade abwesend war, schlief Viva neben mir auf dem Bett. Sie blieb mir zwischen den Füßen, wenn ich am Schreibtisch saß, und drückte sich an den Wänden entlang, immer in meiner Nähe, wenn ich mich durchs Haus bewegte. Ich hatte damals eine Arbeit außer Haus, zu der ich sie nicht mitnehmen konnte, aber ich nahm mir an ihrem Geburtstermin frei. Sie gebar vor Anbruch des Morgengrauens, auf dem Bett, dicht an mich gepreßt, und obwohl sie offenbar starke Schmerzen hatte, brachte sie alles nicht sehr schnell, aber ohne Schwierigkeiten hinter sich. In zwei Stunden warf sie fünf zarte kleine Welpen, drei Männchen und zwei Weibchen, alle von gleicher Größe, alle mit dem gleichen kurzen, seidigen Haar und alle bräunlichgrau, der Farbe der Erde, mit der alle wildlebenden Welpen auf die Welt kommen.

Von den drei Müttern war Viva mit Abstand die am wenigsten tüchtige. Sicher, sie war jung, aber Maria, die Erdmutter unserer Hundegruppe, war nur ein paar Monate älter gewesen, als sie ihren ersten Wurf so erfolgreich zur Welt gebracht hatte. Aber Maria hatte Junge gewollt und Viva offenbar nicht. Damit ist nicht gesagt, daß sie ihre Jungen nicht liebte. Sie schienen ihr nie lästig zu werden, und sie lehnte sie auch nicht ab. Im Gegenteil, sie näherte sich ihnen sehr zärtlich, wenn auch vorsichtig. Als ob sie gar nicht ihre eigenen Welpen wären, sie sich das aber sehr wünsche, schienen Vivas Junge sie traurig zu machen. Sie säugte die Kleinen oft genug, nahm sich aber sonst nur selten Zeit, sie eng an sich zu drücken. Statt dessen ließ Viva ihre Jungen auf einem Haufen, damit sie sich gegenseitig wärmten, in der Wurfkiste liegen, die ich direkt neben meinem Bett für sie aufgestellt hatte, während sie selber kerzengerade und stocksteif in der Mitte des Zimmers saß, offensichtlich betrübt und manchmal zitternd, als habe sie Angst, bei ihren Jungen zu sein, und habe aber gleichzeitig auch Angst, sie allein zu lassen.

Als ich nach zwei oder drei Tagen wieder arbeiten ging, blieben Viva und ihre Jungen in meinem Schlafzimmer, Koki und ihre Jungen in der Küche und die anderen Hunde draußen, wo sie die jungen Mütter nicht stören würden, alle unter Aufsicht anderer Mitglieder unseres Haushalts, einschließlich einer Haushälterin. Beim Nachhausekommen am Nachmittag aber konnte ich spüren, daß etwas Schreckliches geschehen war. Das Haus war vollkommen still. Meine Kinder waren ausgegangen, wie sie es zu dieser Tageszeit immer taten, mein Mann war verreist, und die Haushälterin ruhte sich aus. Das alles war so, wie es sein sollte. Das Unglück betraf demnach nicht dic menschlichen Hausbewohner. Doch normalerweise begrüßten uns die Hunde beim Nachhausekommen. An diesem Tag erschien keiner von ihnen, und das tiefe Schweigen dauerte an. Ich stieg die Treppe hoch. Da saß Viva, verschreckt und zitternd, vor meiner Schlafzimmertür. Schweigend sah sie mich an. Ich horchte und hörte drinnen das Kratzen von Krallen, während jemand ängstliche, ungleichmäßige Schritte über den Boden machte. Ein Hund, der still dagestanden hatte, bewegte sich. Ich trat an Viva vorbei ins Schlafzimmer. Vivas Wurfkiste war leer, und Koki, die höchst bekümmert aussah, kam mit einem Jungen im Maul zögernd auf mich zu. Ich sagte, sie solle mir das Junge geben, und sie legte es, mit einem leichten Neigen des Kopfs, kurzerhand auf den Boden. Dann drehte sie sich um und ging hinaus. Ich hörte ihre Krallen auf der Treppe. Sie stieg langsam hinunter zu ihrem eigenen Wurf.

Das Junge, das Koki mir überlassen hatte, ein kleines Weibchen, war unverletzt. Ich legte es ins Nest zurück, durchsuchte das Haus und fand seine Wurfgeschwister tot an verschiedenen Plätzen, wohin Koki sie getragen hatte, um sie zu töten. Zwei waren kalt, und eins begann gerade steif zu werden. Zwei waren noch schlaff, und eins davon fühlte sich noch ganz warm an. Koki hatte sie über eine längere Zeitspanne, vielleicht im Lauf einer Stunde, getötet. Und sie hatte sie durch Schütteln umgebracht, denn es war kein Blut zu sehen. Draußen im Garten standen die übrigen Hunde zusammen und schauten durch die Glastür zu mir herein. Ich glaube, sie verstanden, was geschehen war, und sie mußten mindestens eine Tötung mitangesehen haben – eins von Vivas toten Jungen lag in Sichtweite der Tür. Ich hätte erwartet, daß das Töten die Hunde hochgradig erregen würde, aber sie wirkten statt dessen äußerst niedergedrückt.

Der tapfere kleine Bingo stand, die Pfoten auf die Schwelle gestemmt, ganz still und sah mich mit hervorquellenden Augen an. Seine Ohren lagen völlig flach, und sogar sein Schwanz hatte sich jammervoll entringelt.

Da standen wir nun und sahen uns durch die Glasscheibe an, während ich zu begreifen versuchte, was die Hunde schon wußten: daß das Töten von ihrer Warte her unausweichlich gewesen war. Daran war nicht zu rütteln. Wenn die Hunde sich als Rudel betrachteten und das Rudel nur einen

Wurf aufziehen kann, dann darf es keine zwei Würfe geben. Koki war von hohem Status, Viva hatte nur eine niedrige Statusposition inne. Demnach durften Kokis Welpen überleben und Vivas Welpen nicht. Koki tat, was sie zu tun hatte, und die übrigen Hunde verstanden es. Selbst die arme Viva sah es ein, was ihre Distanz zu ihren Jungen erklärte. Sie hätte Koki abwehren können; bei anderen Gelegenheiten hatte sie Koki sogar schon besiegt. Aber an diesem Tag war sie ihr leise aus dem Weg gegangen, als ob auch sie der Meinung wäre, ihre Jungen hätten kein Lebensrecht.

Noch anrührender und aufschlußreicher als Vivas Gefühle war vielleicht die Haltung Kokis. Ihre Befangenheit und unterdrückte Erregung zeugte von ihrem Widerstreben, Junge umzubringen – genau wie wir erkennen Hunde instinktiv kleine Kinder, eine Reaktion, die bei ihnen ebenso wie bei Menschen Pflegeverhalten auslöst. Ein Kind zu nehmen und umzubringen, nicht im Zorn oder aus Verzweiflung, sondern in der Überzeugung, das Richtige zu tun, ist deshalb sowohl für einen Hund als auch für einen Menschen fast unmöglich. Koki jedoch hatte genau das fertiggebracht. Ihr Pelz sah struppig aus, als sie mit dem Jungen im Maul vor mir stand, vermutlich weil Adrenalin ihr das Haar zu Berg stehen ließ. Ihr Gang war fast stolzierend gewesen, als ob sie aus der Haut fahren wollte. Als ich das Junge verlangte, gab sie es mir fast freudig, als ob sie es gar nicht verletzen wollte. Sie legte es auf den Boden, anstatt einfach das Maul aufzumachen und es fallen zu lassen. Ich hatte das Gefühl, sie war erleichtert, daß ich gekommen war, um die Verantwortung für die Situation zu übernehmen.

Als ich die reglosen Körper von Vivas Welpen vor mir liegen sah, mußte ich an menschliche Jäger und Sammler denken, an die Ju/wa-Buschmänner in der Wüste Kalahari in Südafrika, mit denen ich als junge Frau einige Zeit zusammengelebt hatte. In jenen Tagen gewannen die Ju/wasi Nahrung und Kleidung noch ausschließlich aus der Savanne; ihr Dasein verlief weitab von der sogenannten Zivilisation, fast ohne jeden Kontakt zu anderen Menschen außer ihren eigenen Stammesangehörigen. Ganz selten kam es vor, daß eine Ju/wa-Mutter ein Kind zur Welt brachte, das nicht ernährt werden konnte, ein Baby, das mit einem älteren Geschwister konkurrierte, das noch zu jung war, um entwöhnt zu werden. In einem solchen Fall mußte die Mutter sich überwinden, Kindsmord zu begehen. Das war ohne Zweifel etwas Furchtbares, aber die Alternative war noch schlimmer – Unterernährung und Tod nicht allein für das Neugeborene, sondern auch für das ältere Kind. Statt beide Kinder zu verlieren, tötete die Mutter das Neugeborene bei der Geburt, fast so, wie Koki es getan hatte. Da begriff ich, in welchem Maß ein Rudel mit seinen verschiedenen Mitgliedern ein Ganzes ist. Wie die Teile eines Körpers arbeiten die Rudelmitglieder zusammen zum Nutzen des Ganzen. Das Leben verlangt Tapferkeit, zumindest von denen, die noch nach althergebrachter Weise, nach uralten Regeln leben.

*D*as überlebende Junge wurde von unserer Tochter, einer Lieblingslehrerin zu Ehren, Fatima genannt. Viva zeigte wenig Neigung, dieses Junge zu versorgen oder sich gar mit ihm in das Nest zu legen. Maria jedoch kannte keine solchen Ängste. Maria marschierte zur Wurfkiste, packte das

Junge, trug es eilig in das Zimmer meiner Tochter, sprang aufs Bett, klemmte die kleine Fatima in ihre Leistenbeuge und ballte ihren ganzen Körper zur Faust. In dieser Stellung blieben die beiden. Meine Tochter und ich suchten die Hunde-Ersatzmilch heraus und begannen mit dem Aufpäppeln der kleinen Fatima. Nun gab es keine Spur einer Bedrohung mehr für Fatima; stets wachsam, demonstrierte Maria jedem Hund, der so unklug war, sich in das Zimmer zu wagen, die Länge ihrer Zähne und wäre jetzt wohl auch einem Zusammentreffen mit Koki nicht mehr abgeneigt gewesen. Aber Koki blieb bei ihrem eigenen Nachwuchs, kam weiter eher lässig ihren Mutterpflichten nach und hielt sich von Maria fern. Am nächsten Tag sah ich zufällig eine nackte Zitze in einem winzigen Hof feuchten Pelzes an Marias Bauch. Die kleine Fatima hatte gesaugt. Am dritten Tag sah ich ganz erschüttert zwei nackte, feuchte Zitzen und einen Milchtropfen! Wie durch ein Wunder hatte Maria Milch.

Ist Annahme an Kindes Statt bei Hunden etwas Natürliches? Seltsamerweise offenbar ja, so wie sie bei Menschen auch natürlich ist. Dazu getrieben werden beide Spezies durch innere Kräfte, die keine von ihnen so richtig versteht. Wenn eine Hündin oder eine Frau, ohne schwanger gewesen zu sein, Muttermilch produzieren, haben sie allerdings nur selten, wenn überhaupt je, genug Milch, um ein Findelkind großzuziehen, was aber unseren machtvollen Drang, uns eines winzig kleinen Wesens anzunehmen, keineswegs schwächt. Selbst die biologische Art des Findelkinds ist relativ unwichtig. Einmal fanden meine Tochter und ich an einer Landstraße ein totes Opossum und merkten, daß sich auf seinem Bauch etwas bewegte. Wie sich herausstellte, war das ein Beutel voller Föten, von denen vier noch lebten. Wir nahmen sie mit. Sie waren nicht größer als Käferlarven, denen sie auch ähnelten; sie hatten weder Augen noch Ohren und statt Fingern nur Knospen. Wir nahmen sie trotzdem mit nach Hause, kramten wieder die Hündinnen-Ersatzmilch heraus und begannen sie zu füttern.

War unser Verhalten atavistisch? Das kann sein, aber vielleicht empfanden wir einfach ein Gefühl der Verpflichtung. In diesem Entwicklungsstadium waren die nackten kleinen Opossums für die Augen unserer Spezies alles andere als anziehend. Manche Leute erschraken fast, wenn sie sie trinken sahen, denn sie waren so klein, daß sie Arme und Beine um die Pipette schlingen konnten und mit dem Kopf nach unten Milch von der Spitze leckten. Dieses Schauspiel sei abstoßend, meinten viele, als ob ein dicker Wurm auf der Pipette säße oder eine junge Ratte. So erschien es unseresgleichen. Als ich jedoch sah, wie Koki die jungen Opossums beobachtete, legte ich eins auf den Boden. Mir war klar, daß sie ihm nichts tun würde. Auf dem Boden drehte sich das kleine ungeborene Opossum immer wieder ganz langsam und taumelnd im Kreis, wobei es sich selber zu greifen versuchte, da es sonst nichts zum Festhalten gab. Im Nu hockte Koki darüber, das Kinn steif vorgereckt, und schaute mit harten, erregten Augen zu mir auf, in der Haltung, die ein Hund über einem Objekt einnimmt, das eine enorme Bedeutung für ihn hat – ein frischer Rindergelenkkopf etwa oder ein neugeborenes Junges. Koki war fest entschlossen, das junge Opossum zu beschützen, und da es zu klein war, als daß sie es mit dem Maul hätte aufheben können, hätte sie es mit der Nase an ihren warmen Körper gestupst, wenn ich es nicht weggenommen und wieder in sein Nest gelegt hätte.

Was hatte Koki an dem Opossum gefallen? Wahrscheinlich seine hilflos zappelnden Bewegungen, sein stumpfes Gesicht, die noch geschlossenen Augen und seine Nacktheit, lauter Merkmale, die es mit neugeborenen Welpen gemein hat, die zwar nicht nackt sind, aber so erscheinen, da ihre Behaarung fein und kurz ist.

Doch nach einigen Wochen sahen die Opossums nicht mehr wie Föten aus. Etwa so groß wie Küken, hatten sie helle Augen, zarte rosa Mickymausöhrchen, kurze Schwänze und ein kleines Pelzchen bekommen, dessen Haare wie Distelwolle zu Berg standen. Wenn sie nun in ihrem Glasterrarium umhertollten, fanden die menschlichen Beobachter sie süß, redeten in Babysprache mit ihnen und wollten sie tätscheln. Nicht so Koki. Mit glänzenden Augen beobachtete die Huskyhündin die Kleinen hinter der Glasscheibe. Sie wollte die Opossums fangen. Ihr erschienen sie nun nicht mehr als Kindchen, die es zu bemuttern galt, sondern als Beutetiere.

Etwa ein Jahr nach dem Kindsmord bot sich Koki, wie zuvor Maria, eine Gelegenheit, Welpen zu adoptieren, als die Dingohündin Viva von einem Schlittenhund, der Freunden von uns in New Hampshire gehörte, einen zweiten Wurf bekam. Viva empfand ihren Status noch immer als zu niedrig, als daß sie etwas so Wertvolles wie Junge für sich hätte behalten dürfen, und so litt sie, als ihr Geburtstermin herankam. Wieder klammerte sie sich an mich. Ich versuchte sie zu beruhigen, aber nach der Erfahrung mit ihrem ersten Wurf glaubte sie mir verständlicherweise nicht mehr. Wenn ich tagsüber am Schreibtisch arbeitete, saß sie, von Furcht überwältigt, neben mir, den Rücken gerade, den Kopf gesenkt, die Rute gespannt, die Beine so eng zusammen, wie ihr geschwollener Bauch es erlaubte, als sei sie auf dem Sprung wegzulaufen und wolle bis dahin so wenig Raum wie möglich einnehmen. Nachts lag sie eng an mich gedrückt auf meinem Bett. Ihre Gefühle raubten ihr die Energie. Als dann spät eines Nachts ihre Wehen begannen, war sie zu müde oder zu deprimiert, um kräftig zu pressen, und wirkte zwischen den einzelnen Kontraktionen erschöpft. Schließlich rollte sie sich auf den Bauch und fiel, die Beine abspreizend, während ihre Brustwarzen sich aufstellten und ihr Bauch von der darin ablaufenden Aktivität hüpfte, in einen unruhigen Schlaf und träumte von ihrer eigenen Welpenzeit.

Woher wußte ich, wovon ein Dingo träumt? Ich erkannte es an Vivas Mundstellung. Wenn ein Junges an der Mutterbrust saugt, rollt es die Zunge u-förmig zusammen und wölbt die Backen vor – eine auffallende, unverwechselbare Mimik, die man sonst nie zu sehen bekommt. Ich beobachtete sie jetzt an Viva. Erinnerte sie sich an eine Zeit, als sie noch wenig Sorgen gehabt hatte? Möglich wäre das, wenn sie nicht ihre ersten Lebenswochen auf gefrorenem Dung in der eisigen, stockfinsteren Scheune des Tierhändlers verbracht hätte, vor dem ich sie dann errettete. Ich hatte ihre hungernde Mutter und ihre Geschwister dort zurücklassen müssen, obwohl ich gesehen hatte, daß Vivas Mutter in so erbärmlicher physischer Verfassung war, daß sie ihre Kleinen kaum versorgen konnte. Kehrte Viva im Traum in diese Zeit zurück? Oder fühlte sie, daß ihre eigenen vier Jungen im Begriff waren, geboren zu werden, und stellte sich vor, sie sei selbst an ihrer Stelle? Im Schlaf weinte und saugte, weinte und saugte sie, und als sie schließlich erwachte, hatte die Geburt eingesetzt.

Alles ging gut. Wieder warf sie Junge mit erdfarbenem Fell, der Farbe der wildlebenden Hunde. Und wieder spürte sie die soziale Kritik der Gruppe, selbst durch die Wände des sicher verschlossenen Raums, in dem ich sie hielt. Sie wollte nicht bei ihren Kleinen in der Wurfkiste bleiben, und als Koki eines Tages zu der nur einen Moment geöffneten Tür hereinschaute, rückte Viva zur Seite, als ob sie Koki Platz machen wollte. Darauf kam Koki herein. Da sie diesmal keinen eigenen Wurf hatte, wollte sie Vivas Junge nicht töten, sondern beschützen und hätscheln, und das tat sie in der folgenden Zeit auch. Wie Maria hatte auch Koki Milch.

Ihre Milch und liebende Fürsorge samt Hündinnen-Ersatzmilch sorgten dafür, daß Vivas Junge stark und gesund wurden. Später wurden sie die schönsten Hunde, die ich je gesehen habe. Groß und gut proportioniert, hatten sie das rotgoldene Haar ihrer Dingomutter und die blauen Augen ihres Huskyvaters geerbt, und viele Leute wollten sie gern adoptieren. Leider starb das Jüngste, ein Weibchen, in der frühen Jugend an einem Speiseröhrenbruch, einem Geburtsfehler, und wir gaben die beiden mittleren her, aber Koki behielt das älteste, ein Weibchen namens Inookshook, das sich ihr gegenüber als ebenso loyal erweisen sollte wie Fatima gegenüber Maria. Von derselben Mutter geboren, hätten Fatima und Inookshook eigentlich eine ähnliche Persönlichkeit haben müssen, aber tatsächlich schlugen die beiden Dingoschwestern nach ihren Pflegemüttern, das heißt, Fatima war wie Maria, gefühlsstark und aktiv, und Inookshook wie Koki ruhig und scharfsinnig.

In gewisser Weise repräsentierte Inookshook die dritte Generation in unserer Gruppe. In bezug auf die anderen Hunde war sie, was ein Junges der Wölfe von Baffin für das dortige Rudel gewesen war: ein Jugendlicher mit Eltern und ausgewachsenen Geschwistern, die in Inookshooks Fall vielleicht nicht biologisch mit ihr verwandt waren, aber sicherlich sozialen und emotionalen Einfluß auf sie ausübten. Als Folge davon war Inookshook nicht nur eine große Schönheit, sondern besaß auch elegante Manieren. Wir machten keinen Versuch, sie in irgendeiner Weise zu erziehen, noch nicht einmal zur Stubenreinheit. Dies und alles, was sie sonst noch wissen mußte, wurde ihr ohne großes Aufheben von den beiden älteren Generationen beigebracht, und zwar perfekt.

Einmal nahmen wir sie in einen Wald mit, wo mehrere Schlittenhundgespanne angepflockt waren. Das war vor einem Rennen, an dem unser Sohn teilnahm (und bei dem er, dank Suessi und Windigo, einen gewaltigen, schillernden Pokal gewann, der mit Hunden und Adlern dekoriert war und von einer geflügelten Siegesgöttin gekrönt wurde). Inookshook sollte vorübergehend in eines der Gespanne eintreten, hatte die anderen Hunde aber bisher noch nicht kennengelernt. Als sie durch die Bäume hindurch sah, wohin wir sie führten, schien sie sich ein wenig zu fürchten, und das zu Recht, denn die ungefähr zwanzig fremden Hunde waren aufgesprungen, knurrten und drohten ihr. Sie zögerte einen Augenblick, wie um das Problem erst einmal zur Kenntnis zu nehmen. Doch dann gab sie weder Fersengeld, noch zerrte sie an der Leine, die sie in ihrer Bewegungsfreiheit beschränkte, sondern ging ruhig und beherrscht weiter. Vielleicht wollte sie wie ihr Stiefgroßvater, Misha (den sie nie kennengelernt hatte), vor den wütenden Fremden gelassen erscheinen und ihnen nicht verraten, daß sie nicht freiwillig kam oder in irgendeiner Weise in Verlegenheit war. Sie legte weder die Ohren an, noch zog sie den Schwanz ein, sondern schritt anmutig wie eine Prinzessin vorwärts, als ob sie sich eines freundlichen Empfangs sicher sei und gern käme. Erst als sie auf weniger als zehn Meter herangekommen war, neigte sie höflich den Kopf, lächelte mild, als ob sie nur Gutes erwarte, und machte dann, so unglaublich es klingt, einen Knicks vor den knurrenden Fremden, indem sie die Hinterläufe an den Knien nach außen abknickte und – die Schenkel in die Seiten gestemmt – ihr Hinterteil senkte. In dieser Haltung gab sie ein wenig Urin ab, ein Zeichen der Jugendlichkeit, das ihren Zuschauern sagte: *Ihr seid mächtige Erwachsene, und ich erkenne das an – in eurer Gegenwart bin ich bloß ein Junges.* So sprach Inookshook, und die Wirkung auf die zwanzig grimmigen Erwachsenen war fast wie Zauberei. Schlagartig senkten sie alle das Haar, ließen die Lefzen entspannt hängen, wandten die Augen ab und ließen Inookshook in ihre Mitte kommen, als ob sie sie schon immer gekannt hätten.

Natürlich wollten wir uns nie von einer solchen Hündin trennen – wir hatten sie ja auch nur kurzfristig ausgeliehen –, und wir brachten sie bald wieder zurück in den Schoß ihrer Gruppe, wo sie ihr weiteres Leben als Kokis Tochter und Assistentin verbrachte. Entsprechend ihrer Herkunft und Generation hatte sie in der Hierarchie zwar nur einen niedrigen Platz inne, aber sie ging mit so viel Grazie, so viel Einsicht in ihre soziale Stellung damit um, daß die anderen Hunde sie nie daran erinnerten und sie die meiste Zeit eher wie ein ranghohes Tier erschien.

Wie war es, in der Stadt mit sechs oder acht Hunden in einem Haus zu leben? Eigentlich war gar nichts dabei. Dingos und manche Schlittenhunde sind sich in vieler Hinsicht ähnlich, so zartfühlend in ihrer Art, so sauber und ruhig, daß man kaum merkt, daß sie da sind. Unsere Hunde erinnerten, insofern als die Domestikation wenig Bedeutung für sie hatte, an Katzen, und wie Kojoten oder Schakale waren sie sehr stark, aber zugleich sehr leicht und bewegten sich deshalb geräuschlos. Wenn die Möpse durchs Haus gingen, machten sie viel mehr Lärm als die größeren Hunde, weil die Möpse sich unbeholfener bewegten. Außerdem fanden nur die Möpse das menschliche Leben um sie herum interessant, und nur sie bellten. Selbstverständlich bellen die meisten Hunde ein wenig – was nicht mehr heißt, als daß die meisten Tiere, einschließlich der Menschen, wenn sie überrascht und verwirrt sind, einen kurzen, schrillen Ruf ausstoßen. In unserer Spezies lautet er etwa «Huch?». Hochdomestizierte Hunde machen viel her aus ihrer Verwirrung und bellen beharrlich, womit sie andere auf rätselhafte Ereignisse aufmerksam machen. Nicht so die Huskys, die von Menschen hervorgerufene Geräusche oder Ereignisse ebensowenig verbellten wie die Vögel am Himmel, und gewiß aus demselben Grund: das Treiben der Vögel und der Menschen war ihnen nicht so wichtig.

Im Unterschied dazu interessierten sich die Hunde unbeschränkt füreinander. Wenn einer der Rüden nach kurzer Abwesenheit zurückkam, umringten die anderen ihn schweigend und untersuchten ihn auf Gerüche – die Gerüche seines eigenen Körpers, die seine Geistesverfassung und wahrscheinlich noch einiges darüber hinaus mitteilen, und die Gerüche des Orts, an dem er gewesen war, die er in seinem Fell trug. Sie beschnupperten die Lippen des Ankömmlings und seine Mähne, seinen Penis, seine Beine und seine Pfoten. Selten, wenn überhaupt, untersuchten sie seinen After und seine Analdrüsen, offensichtlich weil die Informationen von dort mit der sozialen Rolle des Hundes und nicht mit seinen Wanderungen zu tun haben. Die Hunde inspizierten auch mich, vor allem wenn ich lange Zeit weggewesen war. Sie achteten besonders auf meine Beine von den Knien abwärts, als ob ich durch Gerüche gewatet sei.

Sanft und liebenswürdig, wie sie waren, erinnerten die Huskys mich an Wölfe. Sie wanderten wie Wölfe. Wir stellen uns oft vor, daß Wölfe sich in großen Gruppen fortbewegen und in Rudeln durch die Wälder streifen. Das tun sie auch, vor allem im Winter, wenn die ganze Gruppe unterwegs ist und nicht die Absicht hat, an den Ausgangspunkt zurückzukehren. Ansonsten neigen sie jedoch dazu, allein oder in Paaren zu wandern. Dasselbe taten die Hunde, da sie nach ihren Streifzügen immer wieder zu unserem Haus zurückkehrten. Interessanterweise bewegten sie sich wie ein Rudel, wenn sie mit mir zusammen waren und unser Ziel unbestimmt war. Ich durchquerte immer wieder die Stadt mit ihnen, wobei ich Maria an der Leine neben mir behielt, während die anderen Hunde ihr oder mir auf den Fersen folgten, so daß wir uns in einer zusammenhängenden, geordneten Gruppe bewegten wie ein Schwarm. Überflüssig zu sagen, daß ich die Hunde nie darauf, noch auf sonst irgend etwas dressiert hatte. Ich wollte ja herausfinden, was sie wollten, und nicht zurückgespiegelt bekommen, was ich ihrer Meinung nach wollte.

Meist wollten sie leben wie Wölfe. Wie Wölfe gruben sie flache, hundeförmige Vertiefungen in den Boden, wo sie die heißen Stunden des Tages verschliefen, und obwohl ich sie gern im Haus hatte und sie abends immer hereinholte, gruben sie sich im Winter Betten im Schnee. Wenn Schnee gefallen war, rief ich sie oft in dem allem Anschein nach verlassenen Garten, um sie dann aus den Schneewehen auferstehen zu sehen, in denen sie sich vergraben hatten. Die Huskys liebten den Winter, vor allem nachdem sie Schlittenhunde geworden waren. Ihre glückliche Erregung wuchs, als die Tage kürzer und die Nächte kälter wurden, und erreichte ihren Höhepunkt beim ersten Schnee. Sie gaben keinen Laut von sich, wenn es zu schneien begann, aber man konnte an ihrem Verhalten erkennen, daß sie voll gespannter Erregung waren – hinaus rasten sie, alle zusammen, um voller Entzücken im Kreis durch den Garten zu laufen und in Luftsprüngen die herabfallenden Schneeflocken zu fangen.

Einmal bekam ich Gelegenheit, sie mit Wölfen zu vergleichen. Nicht nur mit den schwer arbeitenden Wölfen von Baffin, sondern mit zahmen Hauswölfen, deren

Dasein dem der meisten Hunde fast aufs Haar glich. Jethro und Clem mit Namen, repräsentierten diese Wölfe ihre Spezies in Schulen und anderen Bildungseinrichtungen und wurden außerdem vor Kaufhäusern, die Wolfspelze verkauften, in Protestdemonstrationen zur Schau gestellt. In unserer Nachbarschaft verursachte ihr Besuch helle Aufregung. Unsere Rüden verdrückten sich bei ihrem Anblick, aber die Hündinnen traten kühn vor und wollten spielen. Ängstlich riefen die Nachbarn die Polizei, doch da die Anwesenheit der Wölfe nicht gegen das Gesetz verstieß und sie nicht abtransportiert werden konnten, hielt die Polizei nur eine ständige Präsenz in unserer Straße aufrecht. Die beiden Wölfe jedoch ahnten nichts von der Bestürzung, die sie hervorriefen. Sie saßen einträchtig unter einem Zierahorn in vollkommener Zufriedenheit, betrachteten müßig den langsam vorbeifahrenden Streifenwagen auf seiner Patrouille vor unserem Haus und warfen ab und zu einen flüchtigen Blick auf meine Hunde, die in einem Zimmer im ersten Stock unseres Hauses eingesperrt waren, aber natürlich immer wieder aus dem Fenster sahen.

In ihren Einstellungen ähnelten die beiden Wölfe in jeder Weise meinen Hunden. Wie die Mehrzahl meiner Hunde waren sie nicht miteinander verwandt. Sie gehörten noch nicht einmal derselben Rasse an, der eine war ein Buffalo-Wolf, der andere ein Tundra-Wolf. Wie meine Hunde waren sie lediglich gute Freunde. Nur einen bemerkenswerten Unterschied, wenigstens in meinen Augen, gab es, und der war, daß die Wölfe, vielleicht um sich die Zeit zu vertreiben, sangen. Ihre Stimmen waren klar und außerordentlich schön, und ihre Gesänge äußerst komplizierte, mit der Präzision von Kanons vorgetragene Duette, die offensichtlich nichts Zufälliges oder Zusammengestückeltes an sich hatten. Auf Menschen wirkten sie schauerlich und elektrisierend. Das Singen schien den beiden Wölfen großes Vergnügen zu machen, denn hinterher freuten sie sich miteinander.

Meist sangen sie zu bestimmten Tageszeiten. Beispielsweise sangen sie lange Zeit fast jeden Nachmittag ungefähr um vier

Uhr, jedenfalls solange sie sich in der Nähe unseres Hauses aufhielten. Und sie sangen kurz im Morgengrauen. Sie verbrachten die Nacht in einem Lieferwagen, wußten jedoch immer, nach welcher Seite Westen lag, und, so unglaublich es scheint, wenn der Himmel hell zu werden begann, drängten sie sich, die Augen auf den Osthimmel gerichtet, an dem kleinen Fensterchen des Lieferwagens. Sie warteten auf die Sonne und begannen in dem Augenblick zu singen, in dem ihr roter Rand über dem Horizont zu sehen war. Ihrem Besitzer zufolge hatten sie das jeden Tag ihres gemeinsam verbrachten erwachsenen Lebens getan. Doch sie sangen erst, wenn sie tatsächlich den ersten roten Streifen der Sonne erblickten. Warum? Niemand kann es sagen. Das Wissen der Wölfe wirkte dennoch unheimlich.

Meine Hunde dagegen sangen kaum. Als sie die Wölfe zum erstenmal hörten, wurden sie ganz still und hörten gespannt zu, antworteten aber nicht und fielen auch nicht in den Gesang ein. Damals erschien mir das merkwürdig. Doch als ich darüber nachdachte, fiel mir ein, daß ich meine Hunde niemals singen oder heulen gehört hatte, von einer gelegentlichen, im Chor gejaulten Antwort auf die Feuerwehrsirene abgesehen. Wölfe singen ständig, andere Huskyrudel auch. Geräuschvolles Jaulen wird überall da, wo große Hundegruppen untergebracht sind, zum Problem. In manchen, städtischen wie ländlichen, Gegenden kann ein Mensch ohne weiteres die Mehrzahl der in der Umgebung anwesenden Hunde zum Jaulen bringen, und durch Heulen im Wald vermögen Wissenschaftler manchmal Wölfe zu orten, die heulend antworten. Nicht so meine Hunde. Noch nicht einmal Jethro und Clem verleiteten meine Hunde dazu, mit ihnen zu heulen. Die Huskys heulten auch nicht von sich aus, weder zusammen noch allein. Mit zwei Ausnahmen enthielten sie sich jeden Geheuls, ohne daß ich sagen könnte, warum.

Welches waren die beiden Ausnahmen? Im Alter von zwölf Jahren bekam der Mops Bingo Nierensteine, die eine große Operation erforderlich machten. Offensichtlich war seine kleine Frau, Violet, doch nicht so unachtsam, wie es schien: am Tag als ihr Liebling operiert werden sollte, merkte sie, daß etwas nicht stimmte, und machte, in großer Angst, energische Versuche, Bingo zu folgen, als ich ihn ins Auto trug. Ich stieß sie mit dem Fuß zurück und schloß die Wagentür. Als ich Stunden später nach Hause zurückkam, hatte ich Violet vergessen und begann erst, als sie nicht zum Abendessen erschien, nach ihr zu suchen. Sie hatte sich unter dem Tisch in der Diele versteckt, von wo aus sie alles sehen konnte, was zur Tür hereinkam. Ich rief sie, aber sie kam nicht. Zur Schlafenszeit kam sie nicht ins Bett, sondern blieb die Nacht über allein in der dunklen Diele bei der Tür und wartete auf Bingo. Kurz nachdem wir das Licht ausgemacht hatten, hörten wir einen schwachen, erstickten, fremdartigen Ruf: die kleine Violet heulte.

Das war das erste und einzige Mal, daß ich Violet je heulen hörte. Wölfe heulen, um sich zu sammeln, und ich glaube, das tat Violet auch. Sie rief Bingo ganz einfach her. Ein paar Tage später kam er nach Hause. Violets Wiedersehensfreude schien grenzenlos. Die Augen traten ihr fast aus dem Kopf, als sie, kläffend und nach Atem ringend, immer wieder auf Bingo lossprang. Bingo nahm diesen Empfang gelassen hin, da ihm nach seiner Gewohnheit mehr daran lag, das Haus ausgiebig zu inspizieren, um zu erfahren, was in seiner Abwesenheit passiert war.

Kurz darauf starb er an Herzversagen, während er ein zweites Mal operiert wurde. Violet, die sich wieder unter den Tisch in der Diele zurückgezogen hatte, als Bingo erneut weggebracht wurde, verließ diesen Platz nie mehr, außer zu kurzen Ausflügen in den Garten, um ihr Geschäft zu verrichten, und in die Küche, um zu fressen und zu trinken. Sonst kauerte sie unter dem Tisch, die Augen auf die Tür gerichtet, und horchte auf die Geräusche von draußen. Ich erwartete, daß die Sehnsucht ihr den Appetit rauben würde, aber, rundlich wie sie war, blieb sie weiter gefräßig und ließ in keiner Weise erkennen, daß der Kummer an ihr zehrte. Statt dessen wurde sie noch nervöser, noch zerfahrener, noch tüdeliger. Rief man sie zum Essen oder zum Ausgehen, sprang sie auf und machte in ihrer Verwirrung ziellose kleine Anläufe hierhin und dorthin. Obwohl ich sicher bin, daß in ihrem ganzen Leben niemand sie je geschlagen hat, bekam sie Angst vor uns. Wenn einer von uns sie berühren wollte, zuckte sie in panischer Angst vor der sich nähernden Hand zurück. Ein Jahr verging, währenddem sie in ihrer Konfusion unter dem Tisch in der Diele zitterte und bebte, und dann starb sie, ebenfalls an Herzversagen.

Danach zogen wir, die wir übrig waren, nach Virginia. Dort verdoppelten wir wegen einiger Pferdegestüte in der Nachbarschaft unsere Bemühungen, die Hunde vom Umherstreifen abzuhalten. Maria und ihre drei Söhne waren ein bißchen zu wölfisch, als daß man sie in der Nähe großer Huftiere hätte frei herumlaufen lassen können, vor allem da Suessi, der ranghöchste Rüde und erstgeborene Bruder, einmal einem Pferd an die Gurgel gesprungen war, was ihm einen Tritt an den Kopf und Bewußtlosigkeit eingetragen hatte. Um Hunde solchen Kalibers zurückzuhalten, bauten wir ein Gehege, das weitläufig genug war, daß sie sich darin nicht eingesperrt fühlen und die üblichen Anstrengungen machen würden, um sich einen Weg in die Freiheit zu graben. Im Gegenteil, da sich die vier führenden Mitglieder unserer Hundefamilie in dem Gehege aufhalten mußten, wollten die übrigen vier – Koki, Viva, Fatima und Inookshook, die immer frei herumlaufen durften, da sie keine Pferde hetzten – ebenfalls hinein, um bei den Ranghöheren zu sein.

Eines Tages sah ich den rangniedrigsten, letztgeborenen Huskybruder, Zooey, ganz allein und teilnahmslos in der Mitte des Geheges sitzen. Er war krank, wie ich bald merkte, und ich nahm ihn mit in mein Arbeitszimmer, wo er in den freien Raum unter meinem Schreibtisch kroch. Dort blieb er die folgenden paar Wochen, während die Tierärzte vergebens herauszufinden versuchten, was ihm fehlte. Er starb in der Tierarztpraxis, wohin ich ihn in einem letzten Versuch, ihn zu retten, gebracht hatte. Eine Obduktion ergab, daß er etwas an den Nieren gehabt hatte.

Meine Einstellung zum Tod ist ziemlich pragmatisch. Ich meine, wenn der Geist und das Leben erloschen sind, hilft es nicht viel, sich um die Leiche zu sorgen. Ich überließ es dem Tierarzt, Zooey zu begraben, und fuhr nach Hause. Es war ein warmer, dunstiger Herbstabend, wie ich mich erinnere, und ich dachte daran, daß jetzt ein neues graues Gesicht ins Jenseits eingegangen sei, als ich bemerkte, daß die übrigen Hunde, so gut es ging, zusammensaßen und mich schweigend beobachteten, einige von innerhalb und einige von außerhalb des Zauns. Also ging ich zu ihnen und ließ mich von ihnen beschnüffeln.

Wieder einmal konnte ich die Dynamik der Situation nicht voll ermessen. Ich weiß zum Beispiel nicht, welche Gerüche die Hunde bei der intensiven, ausgedehnten Untersuchung meiner Hände und meiner Kleider fanden. Ich hatte ihnen oft Ereignisse gemeldet, indem ich mich von ihnen beschnüffeln ließ – zum Beispiel ließ ich sie nach einer Geburt immer meine Hände inspizieren und bemerkte jedesmal, daß das, was sie darin finden mochten, sie ein wenig neugierig und unbestimmt froh machte. Ich nahm an, daß sie die Spuren von Geburtsflüssigkeiten wie etwa des Fruchtwassers finden und erkennen würden, was es bedeutete. Vielleicht haben Tod wie Geburt charakteristische Gerüche. Oder vielleicht erkannten die Hunde an meinem Gesicht, daß etwas passiert war. Ich weinte nicht, obwohl ich sicherlich traurig war. Hunde können selbst die kleinsten Veränderungen im Verhalten des Menschen erkennen, und ihre Fähigkeit zur Einfühlung hilft ihnen, das Gesehene zu deuten. Wo konnte Zooey denn sein? Auf jeden Fall müssen die Hunde, was sie auch immer gewittert oder aus meiner Erscheinung abgelesen haben mögen, auf die Idee gekommen sein, daß Zooey weit weg sei. Nicht lange, nachdem ich sie verlassen hatte, begannen sie zu heulen, und sie heulten, immer wieder neu an- und absetzend, die ganze Nacht.

Was wollen Hunde am meisten? Sie wollen dazugehören, und sie wollen ihresgleichen. Gruppen, die sich wie bei den Kindern eines ranghohen Paars auf natürliche Weise bilden, sind wahrscheinlich am stabilsten, aber Verbände wie der unsere, mit einem oder zwei von außen dazugekommenen

Mitgliedern, können ebenfalls zusammenhalten. Vielleicht wäre jeder Hund gern die Nummer eins, aber wie bei uns ist den meisten Hunden das Dazugehören wichtiger als die eigene Überlegenheit, so daß ihnen ihr soziales System, wenn jeder sich erst einmal mit seinem Platz abgefunden hat, beruhigend solide erscheinen muß, fest und verläßlich, eine wohlausgewogene Statuspyramide. In einem solchen System bekommt jeder Verlust eines Mitglieds eine hohe Bedeutung, weshalb unsere Hunde Zooeys wegen den Nachthimmel anriefen.

Interessanterweise war dieses Heulen einer der ganz wenigen handfesten Beweise für ihr starkes Zusammengehörigkeitsgefühl. Ebenfalls in Virginia lieferten sie mir auf dramatische Weise einen weiteren Hinweis dafür, dessen Bedeutung sich mir zuerst nicht ohne weiteres erschloß. Die Hunde gruben einen Bau.

Um zu begreifen, warum das wichtig ist und was es zu bedeuten hat, sollten wir an unsere eigene Spezies und deren Reaktion denken, wenn das, was diese Hunde erlebten, uns passieren würde. Was würden wir zum Beispiel tun, wenn acht oder neun von uns irgendwo im Wald abgesetzt würden, wobei wir annehmen wollen, daß wir eine Weile da bleiben und uns nicht woandershin durchschlagen müßten und daß unsere Lage uns nicht belastete?

Zur Beantwortung dieser Frage müßten wir wissen, wie wir zueinander ständen. Wenn wir uns als Gegner oder verdächtig aussehende Fremde betrachteten, würden wir uns wohl in alle Richtungen zerstreuen. Wären wir aber ein Team oder eine Familie, wäre vermutlich unsere erste Handlung, egal, ob wir eine Zeitlang zu bleiben gedächten oder nur klären wollten, was zu tun sei, ein Lager zu errichten. Wir hätten das Bedürfnis nach einem Zentrum für unsere Gruppe und unsere Aktivitäten. Ob wir nun einen Unterstand bauen, Gras abräumen, ein Feuer anzünden oder bloß eine Decke für ein Picknick ausbreiten würden, änderten wir doch in jedem Fall die Umgebung ein wenig entsprechend unseren Wünschen. Wir hätten das dringende Bedürfnis, das *als erstes* zu tun, bevor wir Nahrung suchen gingen oder ein Spiel machten oder sonst etwas täten, das uns in dieser Situation angemessen erschiene. Wieso? Weil wir nur mit einem festen Lagerplatz wüßten, wohin wir uns orientieren und wohin wir zurückkommen könnten, wo wir die anderen fänden und sie uns.

Das Bedürfnis, sich in einer solchen Situation einen Lagerplatz zu suchen, scheint für die meisten Menschen so klar auf der Hand zu liegen, daß sie es, was Wunder, kaum erwähnenswert finden. Dieses Bedürfnis ist sehr alt, älter als die Spezies Mensch. Sicherlich geht der Gedanke, sich einen zentralen Sammelpunkt zu schaffen – und sei es nur als Ort, wo die Jungen die Futter suchenden Elterntiere erwarten – bis in die Zeit der nestbauenden Dinosaurier zurück oder ist vielleicht noch viel älter, so daß heute das Spektrum der Tiere, die sich in Gruppen um bestimmte Punkte sammeln, riesengroß ist – von Nestern über Lager zu Bauen, von Krokodilen über Vögel zu Hunden und Menschen. Daß sich meine Hunde in Virginia einen Bau gruben, hätte mich eigentlich nicht überraschen dürfen.

Das tat es aber doch. Eines Tages entdeckten wir etwas, was allen Anstrengungen unserer Hunde, ihren sozialen Zusammenhalt selbst zu stärken, unbestreitbar die Krone aufsetzte. Trotz der vielen bequemen und solide gebauten Unterkünfte, die wir ihnen immer wieder geboten hatten – angenehme, trockene Hütten, mit kleinen Türchen als Obdach im Winter oder weit offen als luftige Schattenspender im Sommer, komplett mit Heu und Zedernspänen –, hatten die Hunde sich nach allen Regeln der Kunst einen Bau gegraben, der den Wolfsbauen auf Baffin in nichts nachstand. Tatsächlich war ihr Bau in Virginia fast exakt ein Wolfsbau, ein 4,50 Meter weit horizontal in den Hügel hineinreichender Tunnel. Die Hunde hatten sich eine gut entwässerte Stelle in kompaktem, lehmartigem Grund ausgesucht und die Decke des Tunnels wie eine flache Kuppel geformt, so daß sie nicht über ihnen einstürzen würde. Nahe am hinteren Ende des Tunnels hatten sie eine etwa ein mal ein Meter große und 60 Zentimeter hohe Kammer ausgehoben – genug Platz, daß ein Hund oder auch zwei darin schlafen konnten.

Das Erstaunlichste an dem Bau oder zumindest das, was mich am meisten verdutzte, war die Heimlichkeit, mit der die Hunde zu Werk gegangen waren. Ich kam täglich mindestens zweimal, meist aber viel öfter in das Gehege und hatte es mir zur Gewohnheit gemacht, ganz darum herumzugehen und zu prüfen, ob es irgendwelche Probleme oder mögliche Ausbruchsversuche gab. Ich verbrachte jeden Tag einige Zeit bei den Hunden, indem ich sie entweder beobachtete oder einfach bei ihnen saß und ihre Gesellschaft genoß. Und doch hatte weder ich noch sonst jemand im mindesten geahnt, daß die Hunde eine gewaltige Grabung vorantrieben und der Tunneleingang keine zwanzig Meter von unserer Haustür entfernt war. Sicher, ab und zu verschwanden schon einmal eins der Tiere oder auch zwei auf mysteriöse Art, aber das Gehege war so groß, daß sie woanders hätten sein können, und ich hatte nie so gründlich gesucht, daß ich sicher hätte sagen können, dieser oder jener Hund sei nicht da. Daß die verschwundenen Hunde tief in der Erde sein könnten, daran hatte ich einfach nicht gedacht, obwohl ich vielleicht direkt über ihnen stand. Noch nicht einmal Haufen ausgegrabener Erde verrieten das Projekt; unglaublicherweise hatten die Hunde über vier Kubikmeter, genug, um einen großen Kipplaster zu füllen, so sorgfältig und umsichtig verteilt, daß keine verräterischen Hügel übriggeblieben waren.

War die Geheimhaltung beabsichtigt? Ich glaube schon. So war zum Beispiel der Tunneleingang unter einem Holzstoß versteckt, der unter der vorstehenden Dachkante unserer Garage aufgestapelt war, deren Wand einen Teil des um das Gehege laufenden Zauns bildete. Die Dachkante verhinderte, daß es in den Eingang hineinregnete, so daß auch noch andere Gesichtspunkte mitgespielt haben mögen, aber anders als mit Geheimhaltung ist kaum zu erklären, warum die Hunde nie an dem Tunnel arbeiteten oder hinein- und hinausgingen, wenn Menschen in der Nähe waren.

Doch eines Tages vertat sich Maria. Sie war gerade halb in den Eingang geschlüpft, als ich das Gehege betrat, und als ich zufällig zu dem Holzstoß hinblickte, sah ich zu meinem Erstaunen ihren Rumpf und Schwanz zwischen zwei Holzstücken verschwinden. Warum in aller Welt würde ein Hund sich in einen Holzstoß zwängen? Sie hatte sich ziemlich ruhig bewegt, ohne die Erregung, die die Jagd auf ein kleines Tier, das sich vielleicht dort versteckt hätte, in ihr auslösen würde. Außerdem bestand der Stoß nur aus den Resten der wenigen Bäume, die wir zum Bau der Garage geschlagen hatten. Er war nur drei Balken hoch und erreichte gerade die Schulterhöhe der Hunde. Dennoch war Maria wie durch eine optische Täuschung darin verschwunden. Was ging hier vor?

Ich ging zu dem Holzstoß, um nachzusehen, und entdeckte ein etwa 25 Zentimeter breites Loch zwischen zwei Holzstücken. Als ich sie zur Seite schob, tat sich zwischen den darunterliegenden Hölzern ein ähnliches Loch auf. Ich schob sie ebenfalls weg und fand darunter ein großes, gähnendes, elliptisches Loch, geformt wie ein Brückenbogen samt seiner Spiegelung im Wasser, wobei die kleinere Achse rund 56 Zentimeter betrug – soviel wie die Schulterhöhe der

Huskyrüden. Ha! Ich ließ mich auf Hände und Knie nieder und versuchte, in das Loch zu spähen, aber etwa nach einem Meter knickte der Schacht leicht nach oben ab, so daß ich nicht viel sehen konnte. Außerdem war es dunkel. Ich begriff immer noch nicht ganz, was ich da vor mir hatte, als plötzlich Marias Gesicht unmittelbar vor meinem auftauchte. Sie sah verblüfft aus. Ich war ebenfalls verblüfft. Irgendwo da drin war Platz genug, daß sie sich hatte umdrehen können.

Später untersuchten wir den Tunnel, sondierten ihn mit einem langen Bambusstab, erkannten seine Größe und staunten. Wir merkten, daß es außer sozialen noch andere Gründe gab, einen Bau anzulegen. Tief in der Erde herrscht zum Beispiel ein ideales Klima. Bei konstanter Temperatur von knapp 13 Grad Celsius das ganze Jahr über ist ein Bau im Sommer kühl, aber im Winter warm, und er schützt stets vor Wind, Moskitos und der Sonne. Es war also leicht nachzufühlen, was die Hunde daran fanden. Nicht so leicht einzusehen war die Geheimhaltung. Hunde sind wie Wölfe, und

Wölfe halten ihre Baue geheim, so daß die heimliche Arbeit der Hunde nichts Neues war, doch wozu sollte die Heimlichkeit eigentlich gut sein? Natürlich verleiht die enorme Kraftanstrengung des Buddelns einem Bau einen echten ökonomischen Wert, so daß die Besitzer vielleicht fürchten, er könnte ihnen weggenommen werden. Schließlich kommt man am einfachsten an einen Bau, wenn man andere graben läßt und sie dann verjagt. Vielleicht wollten die Hunde auch in einem wölfischen Atavismus zukünftige Junge beschützen und verbergen, obwohl die wichtigen Hündinnen der Gruppe bis dahin alle sterilisiert worden waren.

Was auch immer der Grund für die Geheimhaltung gewesen war, sobald die Hunde wußten, daß ich Bescheid wußte, ließen sie ihre Sicherheitsvorkehrungen fallen und gingen frei in ihrem Bau ein und aus. Manchmal gingen sie zu dritt oder zu viert hinein und blieben lange Zeit drinnen, wahrscheinlich hintereinander aufgereiht wie Sardinen in der Dose. Nur bei dem, der zuletzt hineingeschlüpft war, konnte man sicher sein, daß er freiwillig in der Höhle blieb. Diejenigen, die sich weiter drinnen aufhielten, blieben wohl nur, weil sie nicht mehr an dem vorderen Kameraden vorbeikamen. Doch schien dieses Problem keinen der Hunde besonders zu kümmern. Oft erschien nach einem langen Aufenthalt in der Erde ein Hund frisch und ausgeruht, während unmittelbar darauf zwei weitere, sehr zappelige Genossen hinter ihm her geschossen kamen und sich, das Fell voller Dreck, schüttelten oder woanders hinrannten. Sie konnten eigentlich keine Atemnot gelitten haben, da durch die Enden der Ellipse noch Luft bis zu ihnen vordrang, doch bei drei atmenden Hunden muß es im Tunnel nach einer Stunde wohl ziemlich stickig geworden sein.

Der Bau war das Meisterstück unserer Hunde und der Brennpunkt ihres Lebens. Am Ende führten Pfade strahlenförmig von ihm in alle Ecken des Geheges. Als ob sie Wölfe wären, machten Maria und einer der Rüden – ihr zweiter Sohn, Windigo – am häufigsten Gebrauch von dem Bau. Sie, nicht die anderen, arbeiteten häufig an seiner Verbesserung, indem sie ihn noch tiefer gruben. Wir merkten, daß wieder einer von ihnen drinnen an der Arbeit war, wenn kleine Erdfontänen aus der Tunnelmündung geflogen kamen. In Übereinstimmung mit der Ansicht, daß untergeordnete Tiere bloß Satelliten des Alphapaars sind, benutzten die übrigen Hündinnen den Bau nur ganz selten, und die kleine Viva, die Dingodame und rangniedrigste Hündin, hielt sich überhaupt nie darin auf. Zusammen mit Suessi, dem ranghöchsten Rüden, scharrten diese Hündinnen im Erdreich des Hügels direkt um den Bau herum eigene Liegeplätze für sich aus.

Und als ob sie sich schließlich ganz von ihren Bindungen an unsere Spezies entfernt hätten, schienen die Hunde Menschen aus ihrem Bewußtsein getilgt zu haben. Sie hatten sich uns gegenüber immer freundlich verhalten, ohne unterwürfig zu sein, doch nun rückten sie selbst davon ab. Kamen wir, zum Beispiel, nach einer Abwesenheit zurück, begrüßten sie uns beiläufig, wenn überhaupt, und sie nahmen keinerlei Notiz mehr von Fremden. Ein Einbrecher raubte das Haus aus, doch die Hunde sahen darin kein Problem, obwohl ein ähnlicher Einbruch Jahre zuvor in Cambridge Koki an den Rand eines Nervenzusammenbruchs gebracht hatte, so daß sie sich, während der junge Mann seiner Tätigkeit nachging, vor Schreck hinter einer Toilette verkroch, im kleinsten Versteck, im engsten, dunkelsten Raum des Hauses. Doch in den Wäldern in Virginia, bei dem Bau am Abhang des Hügels, hatte ihr Hundeleben sie so in Beschlag genommen, daß das Treiben der Menschen aus ihren Gedanken geschwunden war. Für Koki, die als Sklavin aufgewachsen war, war das weiß Gott ein Schritt.

Um diese Zeit kamen meine Beobachtungen fast zum Ende. Es gab nun nichts mehr zu sehen. Die Hunde gingen nicht mehr auf eine für Menschen beobachtbare Weise miteinander um; wie die wilden Wölfe von Baffin hatten sie ihre Beziehungen zueinander völlig geglättet. Jeder Hund hatte seinen Platz, alle waren zufrieden, die täglichen Abläufe waren vervollkommnet, und ihr Leben verlief gleichmäßig und heiter. Da sie über mild-freundliches Anerkennen meiner Gegenwart hinaus nicht auf mich reagierten und keinen Grund mehr hatten, aufeinander zu reagieren, blieb mir keine andere Wahl, als sie an ihrem Ort und zu ihren Bedingungen aufzusuchen. Deshalb begann ich im Frühherbst jenes Jahres, die Spätnachmittage im Gehege bei den Hunden zu verbringen. Dies erwies sich als eine bemerkenswerte Erfahrung, die sich freilich nicht leicht beschreiben läßt. Wenn Hunde glücklich und mit ihrem Leben zufrieden sind, tun sie nichts. Das war auch, was wir taten, an den warmen Herbstnachmittagen am Abhang des Hügels.

Wie viele Menschen, denen daran liegt, das Leben von Tieren zu ergründen, habe ich mir immer gewünscht, in das Bewußtsein eines nichtmenschlichen Wesens einzudringen. Ich möchte gern wissen, wie die Welt zum Beispiel für einen Hund aussieht, was er hört und was er riecht. Ich möchte einmal in den Kopf eines Hundes hineinschauen können, um zu erfahren, was er denkt und fühlt, ich möchte, daß ein Hund mich anschaut und nicht ein ganz anderes, sondern ein verwandtes Wesen sieht. Zu meiner großen Überraschung hatte ich an jenen Nachmittagen in der Nähe des Baus der Hunde das Gefühl, diesem Ziel nahezukommen.

Wie es war? Ein bißchen, wie wenn man in einem fernen Land ein stilles kleines Dorf betritt, und ein bißchen wie der Eintritt in eine andere Welt, eine andere Dimension. Da saßen wir, keine zwanzig Meter von meinem Haus entfernt, und doch in einer Welt, die nichts mit meinem Haus, nichts mit meiner Spezies und nichts mit meinem Leben zu tun hatte.

Müßig zu sitzen, nichts zu tun, sondern nur zu erleben, fällt einem Primaten schwer, doch hier war ich einmal nicht unter Primaten. Hunde lernen, unter uns zu leben, jetzt war die Reihe an mir, unter ihnen zu leben. In der späten Nachmittagssonne saßen wir auf der staubigen Erde oder lagen, gleichmäßig verteilt, mit aufgestützten Ellenbogen bäuchlings auf der Hügelkuppe und schauten alle ruhig hinunter auf das, was sich zwischen den Bäumen bewegte. Keine Vögel riefen, nur Insekten. Drunten in den schweigenden, trockenen Wäldern löste sich ab und zu etwas von einem Baum, ein Samen vielleicht oder ein Blatt, und wir horchten, wie es raschelnd zur Erde fiel. Während die Schatten lang wurden, lagen wir gelassen da, fühlten den Augenblick, die Ruhe, das warme Licht der roten Sonne – jeder von uns zufrieden in der Gesellschaft der anderen, unbekümmert, jeder von uns ausgeglichen und heiter. Ich war an vielen Orten der Erde, in der Arktis, in der afrikanischen Savanne, doch wohin ich auch reiste, ich blieb immer eingeschlossen in meinen Kokon aus Primatenenergie und Primatenerfahrung, und so habe ich mich weder zuvor noch nachher jemals wieder so weit entfernt gefühlt von der mir vertrauten Welt wie mit diesen Hunden bei ihrem Bau. Primaten empfinden vollkommenes Nichtstun als Langeweile, Hunde jedoch empfinden es als Frieden.

*D*ie Stabilität der Gruppe wurde nie mehr gestört, doch die Gruppe selbst veränderte sich. Inookshook, die große, rangniedere Schönheit und jüngste Dingotochter, hatte einen Wurf mit Suessi, dem ranghohen Rüden, doch die Trächtigkeit verhalf ihr nicht zum Aufstieg. Maria behielt den Bau für sich und dachte gar nicht daran, ihn mit Inookshook zu teilen, die, zusammen mit ihrer Pflegemutter Koki, die Wälder nach einem Ersatz absuchte. Sie fanden ihn unter den hochgeschleuderten Wurzeln eines umgestürzten Baums in Form einer flachen Höhle, die von einer Rattenkolonie bewohnt wurde. Das erinnerte mich daran, daß ich einmal in Ontario einen hohlen gefällten Stamm gesehen hatte, den eine trächtige Jungwölfin ohne Status anstelle eines Baus benutzte. Koki vertrieb die Ratten, und Inookshook übernahm die Höhle, doch im letzten Moment verließ mich der Mut, und ich holte Koki und Inookshook ins Haus. Sie wollten nicht im Haus sein – sie wollten ihre Höhle –, aber ich hatte Angst, daß die Geburt nicht glatt verlaufen könnte, deshalb gab ich nicht nach. Fünf schöne Junge kamen zur Welt. Koki und Inookshook zogen sie zusammen auf, freilich ohne die Hilfe der Hauptgruppe, die sich abseits hielt. Alle Jungen waren bereits versprochen, und als sie alt genug waren, kamen sie alle zu ihren neuen Besitzern.

In jener Zeit ließ ich Inookshook und Viva

sterilisieren. Bei Viva ging etwas schief. Vielleicht gab ihr der Tierarzt eine zu starke Narkose, die ihre Leber oder ihre Nieren zerstörte, oder vielleicht entfernte er etwas anderes als ihren Uterus, denn als ich hinfuhr, um sie abzuholen (ich merkte rasch, daß der Doktor fürchtete, ich würde ihn nicht bezahlen, falls sie in seiner Praxis stürbe), konnte sie kaum stehen. Sie wollte aber stehen. Sie hatte Angst, ich könnte sie zurücklassen. Nie werde ich vergessen, wie der unfreundliche Tierarzt und seine schreckliche Frau mir weismachen wollten, Viva gehe es gut. Ich nahm sie mit nach Hause, und als ihr Zustand sich ein wenig stabilisiert hatte, so daß sie reisen konnte, brachte ich sie nach New Hampshire zu dem besten Tierarzt, den wir kannten. Selbst er konnte ihr nicht mehr helfen. Viva wußte, wie krank sie war, und suchte sich im Untergeschoß des Hauses, wo wir zu Besuch waren, eine dunkle Ecke, um sich dort im Verborgenen zusammenzurollen. Ich setzte mich zu ihr. Unfähig zu fressen und zu trinken oder sich zu bewegen, ohne zu wimmern, litt sie sehr und starb in der Tierarztpraxis durch eine tödliche Injektion, die ihre Schmerzen beendete.

Zwei Wochen darauf wurde unsere Tochter bei einem Unfall schwer verletzt und kam in Massachusetts ins Krankenhaus. Als mein Mann und ich sahen, daß unsere Tochter das Krankenhaus nicht so bald würde verlassen können, zog ich nach Cambridge zurück, um bei ihr zu sein. Mein Mann nahm sich in Washington in der Nähe seiner Arbeitsstelle ein Apartment, und wir vermieteten unser Haus an Fremde. Das war das Aus für die Hunde.

So zumindest hatte es ausgesehen. Ein Freund mit Schlittenhunden nahm Suessi und Windigo in sein Gespann auf, was sehr gut für die beiden war, denn sie liebten die Rennen, und ich suchte mir eine Wohnung, in der Haustiere erlaubt waren. Es war nur ein winziges Apartment, kaum größer, als das Hundehaus in dem Gehege in Virginia gewesen war, doch dahinein quetschten wir uns, ich, mein Sohn, eine Studentin namens J., die zu der Zeit bei uns wohnte, und Koki, Inookshook, Maria und Fatima. Etwas später gesellte sich noch unsere Tochter hinzu, während sie im Krankenhaus ambulant weiter behandelt wurde.

Marias erste Tat in dem neuen Apartment war, auszureißen und zusammen mit Fatima auf Wanderschaft zu gehen, wie sie es vor langer Zeit mit Misha getan hatte. Wohin sie ging? Geradewegs in unsere alte Nachbarschaft, die sie viele Jahre nicht mehr gesehen hatte. Aus unbekannten Gründen ging sie aber nicht zu unserem früheren Haus. Vielleicht konnte sie es wegen ihrer mangelhaften Navigationsfähigkeit nicht mehr finden. Sie war ganz in der Nähe, gab aber dann auf. Mit der standhaften kleinen Fatima im Schlepptau erkletterte sie die Treppe vor dem Haus außerordentlich freundlicher Leute, die etwa zwei Straßen von unserem alten Haus entfernt wohnten. Sie riefen mich an, so wie Maria es sich wohl vorgestellt hatte. Vielleicht hatte Maria bei ihrem Ausflug an glücklichere Zeiten gedacht, vielleicht an ihren Bau, vielleicht an ihre Söhne, vielleicht an Misha. Auf jeden Fall war sie bedrückt, als ich sie abholte.

Ein Jahr ging vorbei. Meine Tochter kam

endlich vom Krankenhaus los und ging aufs College. Wir anderen konnten nun nach Virginia zurückkehren mit dem, was von unserer Hundegruppe noch übrig war. Ich holte Suessi und Windigo zurück, und wir fuhren nach Hause. Wir waren noch nicht lange in Virginia, als Koki, alt und lebenssatt, Magenkrebs bekam. Als sie so schwach war, daß sie nicht mehr gehen konnte und ich es ihr bei mir im Haus so sicher und warm und behaglich wie möglich machen wollte, sehnte sie sich nach dem Bau und kroch schließlich hin, indem sie sich über den Kiesweg bis zum Tor des Geheges schleppte, wo sie mich mit den Augen bat, es für sie aufzumachen. Ich mochte Koki wirklich sehr gern, deshalb blieb ich bei ihr, während sie tat, was sie gern tun wollte, und das war, in der Nähe des Baus zu liegen. Sie bedeutete mir so viel, daß ich in dieser Situation wahrscheinlich nicht auf die richtigen Dinge geachtet habe. Dennoch konnte ich selbst unter diesen Umständen nicht umhin zu bemerken, daß Koki in der Stunde der Not nicht mich als Helferin betrachtete, auch wenn sie offensichtlich nichts gegen meine Anwesenheit einzuwenden hatte. Wahrscheinlich hatte sie Angst, die einmal errungene Billigung durch die anderen Hunde zu verlieren. Außerdem wollte sie zu Inookshook, die sich nicht um Koki kümmerte, sondern nur in der Nähe saß. Doch das war, was Koki wollte. In der Nähe der Gruppe, in die hineinzukommen sie sich so sehr bemüht hatte, wirkte sie zufrieden. Also blieb ich während ihrer letzten Lebenstage bei ihr im Gehege. Ich erinnerte mich, von sterbenden Tieren gelesen zu haben, die sich wie Viva von ihrer Gruppe wegschlichen, vielleicht um ihren Zustand vor anderen, mit ihnen konkurrierenden Tieren zu verbergen. Das mochte so sein. Koki aber war nicht so. Sie starb, ohne dieses Geheimnis aufzudecken.

Binnen eines Jahres starb Windigo an Nierenversagen wie sein Bruder Zooey. Und dann bekam Maria Krebs. Fatima litt furchtbar unter der Veränderung, die mit Maria vorging. Sie bewachte sie während ihrer Krankheit, und als ich Maria zum letztenmal zum Tierarzt brachte, versuchte Fatima, sie zu retten, und kam mit ins Auto.

Als ich versuchte sie hinauszujagen, sprang sie auf den Rücksitz. Ich öffnete die Hecktür und griff nach ihr, da sprang sie wieder nach vorn. Als ich sie endlich aus dem Auto heraus hatte und schnell losfuhr, lief sie hinter mir her. Im Rückspiegel sah ich sie die Straße herunterjagen wie ein Blatt im Herbstwind.

*K*urz darauf verließen wir Virginia und kehrten heim nach New Hampshire mit allen, die noch von uns übrig waren: ich und mein Mann, Suessi, das älteste der Huskykinder, und die Dingoschwestern Fatima und Inookshook. Hier in New Hampshire brauchten die Hunde kein Gehege. Statt dessen bauten wir eine Hundetür ein und kamen und gingen alle, wie wir wollten. Wie ältliche Mitglieder in einem Pensionärsverein verbrachten die Hunde ziemlich viel Zeit zusammen und zeigten durch ihre gelassene Toleranz, daß alle Konflikte zwischen ihnen schon seit langem gelöst waren. Jeden Morgen spazierten sie gemächlich hinaus, um gemeinschaftlich zu urinieren, wofür Inookshook als Rangniedrigste den richtigen Platz aussuchte. Sie schnüffelte herum, bis sie eine Stelle fand, die ihr geeignet erschien, und urinierte dann darauf, während die anderen abwartend zusahen. Wenn sie fertig war, richtete sie sich auf und trat zur Seite, um zuzusehen, wie Fatima sich bedächtig an derselben Stelle hinhockte. Darauf nahm Suessi gelassen ihren Platz ein und schlug, wackelig auf drei Beinen stehend, zerstreut seinen Urin nach unten ab, mit den Gedanken woanders, während er die Ohren etwas zurückgelegt und die Augen halb geschlossen hatte. Danach wanderten die drei zur Kuppe eines hohen, kahlen Hügels, von dem aus sie in alle Richtungen sehen konnten. Hier lagen sie den ganzen Tag und überschauten die sich verändernde Szenerie. Manchmal traten am Abend Rehe aus dem Wald und ästen am Rand eines Felds hinter dem Liegeplatz der Hunde, ein Umstand, für den die Hunde nur sehr geringes Interesse aufbrachten. Den Rehen den Rücken zuwendend, hielten sie abgeklärt Ausschau nach eventuell auf der Straße auftauchenden Artgenossen. Selbst in New Hampshire, wo der nächste Hundenachbar eine halbe Meile entfernt war, interessierte sich die Gruppe mehr für das soziale Geschehen in ihrer neuen Umgebung als für mögliche Jagdgelegenheiten. Somit schien sich ihr langes Hundeleben einem vorhersehbaren, friedvollen Ende zuzuneigen.

Doch gerade da nahmen die Dinge noch einmal eine unerwartete Wendung. Draußen in unserer hinter dem Haus gelegenen Wiese fiel uns ein Kojote auf. Er ging, ohne sich viel um die ältlichen Hunde zu kümmern, auf Wühlmausjagd, doch bevor er sich an die Arbeit machte, lag er lange Zeit ruhig im Gras und sah zu unserem Haus herüber. Die Hunde mit ihren verschleierten Augen und leicht triefenden Nasen schienen nicht zu bemerken, daß jemand sie beobachtete.

Eines Tages mähten wir die Wiese. Mähmaschinen zerschneiden viele kleine Tiere, vor allem Grashüpfer, was viele Wildtiere offenbar wissen. Kaum hatte der Mäher am späten Nachmittag sein Werk getan, als der Kojote auch schon da war und sich mit gebeugtem Kopf, wie grasend, langsam über die Wiese bewegte. Er war gekommen, um die Kadaver zu fressen. Plötzlich bemerkten die Hunde den Eindringling, der in dem gemähten Gras ungewöhnlich auffiel. Ohne einen Gedanken an ihre Sicherheit liefen die drei wie an der Schnur gezogen zu der Wiese hinunter. Aus Furcht vor einem Kampf, bei dem sich alle Kombattanten ernstlich hätten verletzen können, versuchte ich die Hunde zurückzurufen. Aber sie hatten noch nie besonders viel auf Gehorsam gegeben, schon gar nicht, wenn sie glaubten, mit wichtigen Dingen beschäftigt zu sein. Sie gingen weiter, während sich der Kojote hoch aufrichtete und starr ihr Eintreffen erwartete. Überzeugt, daß gleich ein schrecklicher Kampf ausbrechen würde, lief ich ebenfalls los, um den Kojoten zu verscheuchen. Doch zu meiner großen Überraschung hielten die Hunde etwa zehn Meter vor dem Kojoten plötzlich inne, verteilten sich über die frischgemähte Wiese und begannen seelenruhig zu fressen, was immer der Kojote gefressen hatte. Dieser wandte sich ebenfalls wieder seiner Mahlzeit zu. Diese Hunde und der Kojote kannten einander.

Als der Herbst kam, sah ich manchmal Suessi und den Kojoten im Gänsemarsch durch die Schatten am Waldrand trotten. Offensichtlich handelte es sich um eine Kojotin. Anfang des Winters entdeckte ich Fährten, die möglicherweise ihrer beider Spuren im Schnee waren. Und in einer mondhellen Februarnacht, während der Ranzzeit der Füchse, hörte ich einen Kojotenruf im Wald und wunderte mich, ob Suessis Weibchen ihn rief. Anscheinend glaubte er das, denn als ich ihn suchen ging, um zu sehen, ob er die Stimme gehört hatte, sah ich die Hundetür klappen, und Suessi war weg.

Und dann? Das Frühjahr kam, ohne daß wir die Fähe wieder gesichtet hätten. Ich sah noch nicht einmal ihre Spuren. Das war allerdings keine Überraschung – wie die meisten Wildtiere schien sie sich mit Fährten auszukennen. Wir hatten bemerkt, daß sie bei schneebedecktem Boden den nächsten Schneefall abwartete, bevor sie ihr Jagdrevier von der Westseite der Straße auf die Ostseite verlegte, so daß alle Spuren, die sie auf der Straße hinterließ, nur ein paar Augenblicke sichtbar waren, bis der Schnee sie zudeckte. In der Zwischenzeit jedoch kamen und gingen andere Kojoten auf unseren Feldern, oft in Gesellschaft ihrer Späher, der Kolkraben. Fast schien es, als ob in der Welt der Kojoten unsere Wälder und Felder ziemlich oft den Besitzer wechselten. Doch wo mochte Suessis Weibchen geblieben sein? Sicher war sie trächtig geworden, da bis zum Frühjahr die meisten geschlechtsreifen Kojotenweibchen trächtig werden, meist von ihren Gefährten. In ihrem Fall war der Gefährte wohl Suessi. Das hieß jedoch, daß die Fähe die schwierige Aufgabe haben würde, ihren Nachwuchs allein aufzuziehen, ohne die Unterstützung des Erzeugers – ein Schicksal, das Kojotenweibchen, die sich mit Hunden paaren, zwangsläufig blüht und die Welpensterblichkeit erhöht, was wiederum erklärt, warum sich die Kojotenpopulation relativ unvermischt erhält, mit weniger *coydogs*, als man eigentlich erwarten könnte.

Demnach achtete Suessis Kojotefrau vielleicht besonders sorgfältig darauf, sich nicht zu zeigen, weil sie ihre Kinder allein versorgen mußte. Kojoten wissen natürlich, daß sie vielen Menschen verhaßt sind. Eines Tages prahlte ein früherer Wildhüter in unserer Region tatsächlich, er habe in einem an unser Land angrenzenden Naturschutzgebiet eine Kojotenmutter mit ihren Jungen aus dem Bau ausgegraben und umgebracht. Er war sich überhaupt nicht bewußt, gegen das Gesetz verstoßen zu haben, da Kojoten in seinen Augen keinen Schutz verdienten. Wir wußten selbstverständlich nicht, welches Tier er getötet hatte, doch wir sahen Suessis hübsche Lady nicht mehr. Als die Zeit verging, begannen wir dennoch zu glauben, daß das traurig und gesetzwidrig ermordete Kojoteweibchen eine Fremde gewesen war und daß Suessis Gefährtin nicht nur überlebt, sondern es sogar fertiggebracht hatte, zumindest ein Junges aufzuziehen. Ein Jahr später war nämlich unter den Grenzgängern im Dämmer des Feldrains ein prächtiger junger Kojote erschienen, dessen Fell sehr hell war, wie Suessis, und der ein umgeklapptes Ohr hatte, wie Suessis Vater Misha. Da sagten wir uns, er sei womöglich Suessis Sohn. Und das Beste war, eines Tages flogen drei Raben auf die Wiese und schritten sie, wahrscheinlich Wühlmäuse jagend, den ganzen Nachmittag ab. Am Abend erschien der blasse Kojote mit den Raben auf unserer Wiese, was uns annehmen ließ, daß er sich vielleicht absichtlich mit ihnen zusammengetan und vielleicht sogar eigene Späher hatte.

So jedenfalls spekulierten wir. Wenn Hunde alt werden, sucht man gern nach größeren Zusammenhängen. Wer wird ihnen in Zukunft gleichen? Wer war in der Vergangenheit wie sie? Als Inookshook alt und grau wurde, erschienen zum Beispiel lange dunkle Streifen auf ihren Seiten, wie

Schatten auf ihrem immer blasser werdenden Fell. Anscheinend waren diese Streifen schon immer dagewesen, aber nur so schwach, daß Inookshooks herrliche Farbe sie überdeckt hatte. Keine anderen Hunde in dieser Hemisphäre haben eine solche Zeichnung, soviel ich weiß. Die Streifen waren breit, regelmäßig und diagonal angeordnet wie die eines Zebras unterhalb der Leibesmitte, außer daß Inookshooks Streifen schräg nach unten und rückwärts liefen, vom Widerrist zur Leistenbeuge, während die Streifen des Zebras schräg nach oben und rückwärts, vom Brustbein zu den Hüften verlaufen. Tatsächlich habe ich solche Streifen bei einem Hund nur ein einziges Mal gesehen, und zwar bei einem wilden Dingo in Australien. Das beeindruckend große Tier hatte sich an einem Abhang hinter einen Felsen gelegt und schaute sinnend auf ein paar Kälber in einem austrocknenden Flußarm hinunter. Seine dunklen Streifen tarnten den Dingo ausgezeichnet, aber doch nicht so gut, daß die Kühe ihn nicht entdeckt hätten. Besorgt um ihre Kälber, standen sie auf Zehenspitzen und verrenkten die Hälse, um den Dingo über den Felsbrocken hinweg mißtrauisch zu beäugen. Mir gefiel der Gedanke, daß Inookshooks Streifen über ihre Mutter aus Australien gekommen seien. Das war jedenfalls wahrscheinlicher als eine Vererbung durch ihren Huskyvater, auch wenn die meisten Dingos natürlich keine Streifen haben, sondern rotgold sind wie das australische Gras. Asiatische *pye-dogs* aber sind manchmal gestreift, und hie und da gelangt ein asiatischer Straßenköter auch heute noch nach Australien, gewöhnlich auf einem lecken Küstenschiff oder auch auf einem ozeangängigen Kanu. Auch der Gedanke an einen asiatischen Vorfahren, von wie bescheidener Herkunft auch immer, war angenehm – eine Erinnerung daran, daß sich die Hundefamilie von alters her wieder und wieder neu definiert hat, nicht selten durch Begegnungen an Feldrainen, überall auf der Welt.

Was wollen Hunde? Andere Hunde. Menschen sind bloß ein hundeähnlicher, schwacher Ersatz, wie wir alle wissen. Hunde, die in Gesellschaft von Artgenossen leben, sind gelassen und pragmatisch und zeigen nie den verzweifelten Drang, ihre Bedürfnisse und Gefühle publik zu machen oder ihre Beobachtungen mitzuteilen, so wie einige hysterische Verwandte, die nur menschliche Gesellschaft kennen, es allzuleicht tun. Hunde, die mit anderen Hunden zusammenleben, wissen, daß sie verstanden werden. Inookshook hatte am Ende ihres Lebens fast alles vergessen, was sie je über unsere Spezies gelernt hatte, von unserer Identität bis zu ihrer eigenen Stubenreinheit, doch unbeirrt führte sie an der Seite von Suessi und Fatima ihr Leben weiter und betrachtete ihre Verantwortung gegenüber diesen beiden als ihre Pflicht und ihren Platz unter ihnen als ihr Recht. Auch Fatima fühlte sich am stärksten ihrem Stiefbruder, Suessi, und ihrer Halbschwester, Inookshook, verpflichtet. Nachdem sie einmal über Nacht in der *School of Veterinary Medicine* in Cornell geblieben war, weil ich untersuchen lassen wollte, was man gegen ihren Diabetes tun konnte, marschierte sie, als ich sie abholen kam, schnurstracks aus ihrem Käfig durch die Kliniktür hinaus zum Wagen, der sie zu ihrer Familie zurückbringen sollte, und verschwendete keinen Blick an mich oder irgend jemand anderen. Dies verblüffte die Tierärzte sehr, die ein tränenreiches Wiedersehen erwartet hatten. Und Suessi, der am Ende seiner Tage infolge der Alzheimer-Krankheit fast verrückt wurde, war praktisch entfallen, daß es Menschen gab. Er wußte von den Kojoten in den Wäldern und den Wühlmäusen auf den Wiesen und erkannte seine Schwestern, die Dingoladys, aber uns sah er manchmal mit einem verdutzten Gesichtsausdruck an, als ob er nicht nur vergessen habe, wer wir waren, sondern auch, was wir waren.

Suessi starb eines Winters an einer tödlichen Injektion, die seinem Arthritisleiden ein Ende machte, das zur Zeit seines Todes so schwer geworden war, daß er nicht mehr aufstehen konnte. Ich brachte ihn zu dem Tierarzt in unserer Stadt, und sein Tod war fast so friedlich wie der Tod eines Baums. Er wurde rasch schwächer und war tot. Zu Hause zeigte ich den anderen Hunden sein

Halsband. Ich stand zufällig mit ihnen in meinem Arbeitszimmer, einem an die Garage angebauten kahlen, ungeheizten Raum, wo nach der Inspektion des Halsbands Fatima und Inookshook langsam ihre Nüstern über mich hingleiten ließen und sorgfältig alle Düfte erforschten, die an meinen Händen und in meinen Kleidern hingen. Als sie damit fertig waren, traten sie zurück und sahen mich schweigend an, als ob sie nachdächten oder die Dinge auf sich wirken ließen. Während wir noch in dem kalten, hellerleuchteten Raum standen und uns starr ansahen, begannen die Hunde einen Duft zu verströmen. Es war ein Geruch nach Hund, nach nassem Hund, moschusartig und durchdringend, und er stieg wie eine Wolke kalten Dunsts von einer oder beiden Dingoschwestern auf, drang durch ihr Fell und wurde stärker und stärker, bis der ganze Raum davon erfüllt war. Ich hatte noch nie etwas Derartiges erlebt und hatte keine Ahnung, was vorging. Ich weiß es bis heute nicht. Doch als wir dastanden und uns schweigend ansahen in dem kalten Raum, in der überwältigenden

Duftwolke, da ging mir auf einmal durch den Kopf, daß Tod und Geruch zusammengehören, nicht als Verwesung, sondern im Sich-Erinnern – zumindest bei Hunden. So wie Stimmen in Räume dringen, in die ihr Besitzer nicht gelangt, so haften Gerüche da, wo ihr Urheber nicht bleiben kann. Der Duft war ein Hundephänomen. Ich konnte mir nicht anmaßen, es zu verstehen. Aber, interessanterweise, reagierte ich darauf: die Härchen auf meiner Haut standen zu Berg.

Inookshook starb ein paar Wochen später, ebenfalls ohne Bewußtsein und friedlich, wie ein sterbender Baum. Dann lebte Fatima allein weiter. Ich habe Hunde gekannt, die ihre toten Besitzer suchten oder riefen oder auf sie warteten, aber Fatima tat beim Tod ihrer Gefährten nichts dergleichen. Sie wußte, was mit Suessi und Inookshook passiert war. Als ihr Diabetes sich verschlimmerte, wurde sie natürlich weniger aktiv, aber sonst schien sie sich ziemlich gut mit der Situation abzufinden. Sie lernte sogar, daß sie sich durch das Insulin besser fühlte, obwohl die Injektion mindestens eine Stunde brauchte, um zu wirken. Irgendwie brachte Fatima es fertig, die Injektion mit dem soviel später folgenden Behagen zu verknüpfen, so daß sie, wenn es Zeit für ihre Spritze war, uns durch Anstoßen darauf aufmerksam machte, wie manche Hunde es tun, wenn sie etwas zum Fressen wollen. Ein verzweifelnder Hund würde einen so unklaren Zusammenhang nie begreifen. (Noch war sie der einzige Hund, dem das je gelang. Zumindest ein Artgenosse in unserem Ort schaffte das auch.) Dennoch, glaube ich, spürte Fatima, daß ihr Leben vorbei war. Eines Tages ging sie auf und davon und verschwand im Wald. Natürlich vermißten wir sie sofort und suchten intensiv nach ihr, nicht nur wir allein, sondern mit Unterstützung vieler anderer Leute und dreier Hunde. Wir riefen die örtliche Polizei an, die Bundespolizei, den Tierschutzverein und alle Tierärzte, wir hingen überall, wo Menschen zusammenkommen, Anschläge aus und gaben Suchmeldungen mit angebotener Belohnung an alle Zeitungen und ans Radio. Aber alle unsere Bemühungen blieben umsonst. Sicher fühlte Fatima den Tod kommen und ging hinaus, um bereit zu sein. Doch obwohl wir seither Jahr um Jahr die Augen aufhalten, haben wir nie die geringste Spur von ihr gefunden, noch nicht einmal ihr Halsband oder ihre Knochen.

DANKSAGUNG

Obwohl ich für das in diesem Buch enthaltene Beobachtungsmaterial vielen anderen Dank schulde, hieße, die Angehörigen meiner Subspezies als erste zu nennen, es wie ein, sagen wir, früher anthropologischer Forscher zu halten, der in seinen Werken die Unterstützung seiner Kollegen und der

Kolonialbeamten dankbar vermerkt, aber den Menschen zu danken vergißt, die am hilfreichsten für seine Untersuchung waren, den geduldigen Dorfbewohnern, die ihm Sprache und Verhalten beibrachten, ihn ihre Zeremonien miterleben ließen und seine Fragen beantworteten. Diesem hypothetischen Anthropologen möchte ich nicht nacheifern. Anders als er weiß ich, wer mir am meisten geholfen hat, nämlich zehn Hunde und ein Dingo, und deshalb danke ich ihnen zuerst, besonders Misha, Maria und Koki, aber auch Suessi, Fatima und Viva.

Nun habe ich aber vielleicht doch den zitierten frühen Anthropologen imitiert. In der Realität anthropologischer Feldforschung sind die hilfreichsten Leute oft die an den sozialen Rändern: Die Ranghohen, weil sie das Sagen haben und ohne ihre Kooperation nichts geht, die Rangniedrigen, weil, was immer sie in ihrer eigenen Gesellschaft stigmatisiert, dem fremden Forscher nicht auffällt, der sich als Außenseiter ohne Vorurteil mit ihnen anfreundet. Im Austausch für Anerkennung und Freundschaft belohnen die rangniederen Leute den Forscher mit Informationen. Interessanterweise scheinen sich die meisten Leute so gut wie überall auf dem Globus so zu verhalten. Und, noch interessanter, Hunde ebenfalls. Ranghohe Hunde können einen Menschen ganz mit Beschlag belegen und die Underdogs fernhalten. Der Mensch ist schließlich für sie ein wertvolles Gut – fast eine Trophäe. Indessen ist der Mensch nur unvollkommen in der Lage, Rangunterschiede bei Hunden wahrzunehmen, und freundet sich deshalb genausoleicht mit einem rangniedrigen Tier an wie mit einem ranghohen. Niedriger Status bedeutet nicht niedrige Intelligenz; der stigmatisierte Hund durchschaut die Situation gewöhnlich sofort und macht sich den hohen Status des Menschen zunutze.

In meinem Dorf hießen die Häuptlinge Misha und Maria, Koki, Suessi und, Jahre später, Fatima. Indem ich ihren Beitrag anerkenne und ihnen dafür danke, mache ich nun doch, was der frühe Anthropologe gemacht hätte: Kotau vor den Mächtigen.

Und Viva? Als Dingo war Viva wie ein

Hund, aber wie ein Hund hoch zwei. Was die Hunde unauffällig taten, tat Viva mit Aplomb. Die Folge war, daß sie mich, wie der beste Informant des frühen Anthropologen, auf viele unerwartete Dinge stieß, die ich sonst vielleicht übersehen hätte – zum Beispiel, daß Hunde ihre Vorderfüße anders empfinden als ihre Hinterfüße. Einmal, als Wasser aus einem Schlauch Viva umspülte, hob sie ihre Vorderpfoten nacheinander hoch, um sie zu schütteln, während sie ihre Hinterpfoten, die bis zu den Knöcheln im Wasser standen, ignorierte. Auch benutzte Viva ihre Vorderpfoten wie Hände, um Dinge zu handhaben.

Da sie von anderem Stamm war als die übrigen Hunde, war Viva isoliert. Ihre Isolation drückte ihren Status, so daß sie einsam war. In der Gesellschaft von Hunden war ich ebenfalls eine Außenseiterin, und sie begriff das und suchte oft, sich an mich anklammernd, nach Gesellschaft. Einmal, als wir umzogen, steckte ich sie in einen Zwinger, damit sie nicht weglaufen oder unter die Räder des Möbelwagens geraten konnte, doch der Schwarm fremder Menschen und die Verwirrung des Aufbruchs brachten sie so durcheinander, daß sie sich mit Klauen und Zähnen einen Weg in die Freiheit zu erkämpfen versuchte. Sie zeigte mir, daß Hunde unter starkem Druck etwas tun müssen, egal, was, wenn sie nur in irgendeiner Weise aktiv werden. Ich fürchtete, sie könnte ausbrechen, und ging daran, das Loch auszubessern, das sie in das Drahtgitter gerissen hatte. Als Viva meine Absicht erkannte, bemühte sie sich fieberhaft, sich vorher noch schnell durch das Loch zu zwängen. Ich schob ihren Kopf und ihre Schultern in den Zwinger zurück und begann das Loch mit Draht zu flicken, als sie mich am Ärmel packte und, die Augen auf meine geheftet, noch einmal an dem Stoff riß, bis sie ihn über die Backenzähne im Maul und so fest im Griff hatte, daß sie sich nach hinten fallen lassen und mit aller Kraft an meinem Ärmel zerren konnte, um mich zu sich in den Käfig zu ziehen. Sie hatte so viel Kraft, daß es ihr gelang, mich flach gegen das Drahtgitter zu drücken, aber ich war zu groß, als daß ich durch das Loch gepaßt hätte. Da hörte sie auf zu zerren, lockerte aber ihren Biß nicht. Sie hielt mich nur eng gegen den Käfig und schaute mich eine Weile an. Nach einiger Zeit konnte sie akzeptieren, daß ihr Plan gescheitert war. Dann öffnete sie nach und nach widerwillig den Fang und ließ mich los.

Nicht alles, was sie tat, war verständlich, zumindest nicht für Menschen. Wenn sie zum Beispiel mit mir im Auto fuhr, wußte sie, wann wir uns unserem Ziel näherten, selbst wenn sie noch nicht dort gewesen war, erwachte aus ihrem langen, gelangweilten Schlaf und sah mit sichtlich aufgehellter Miene aus dem Fenster. Die Holprigkeit der Straßen, nachdem der Wagen die Interstate-Autobahn verlassen und auf ländliche Nebenstraßen gefahren war, war ein Anhaltspunkt, aber nicht der einzige; denn oft erreichten wir unseren Bestimmungsort über viele Kilometer unasphaltierter Strecke. Die wiederholten Richtungsänderungen, die ein Wagen gegen Ende einer Fahrt auf immer kleineren Landstraßen und Fahrwegen macht, waren ebenfalls ein Hinweis, aber Vivas Gesicht leuchtete oft schon, die Ankunft vorausahnend, auf, bevor wir von der großen Straße abbogen. Als mir klar wurde, daß sie unsere Ankunft meist akkurat vorhersah, achtete ich darauf, ihr nicht durch Sprechen oder Änderungen in meinem Verhalten Fingerzeige zu geben, und ich glaube, daß es mir auch gelang, meine Gefühlsregungen zu verbergen. Viva erkannte trotzdem, was Sache war, während ich am Ende ihres Lebens noch kein bißchen genauer wußte, wie sie zu ihrem Wissen kam, als am Anfang. Hunde-Psi? Vielleicht. Doch hat man auch einmal die Fähigkeit von Elefanten, sich über große Entfernungen hinweg zu verständigen, halb scherzhaft auf Psi-Phänomene zurückgeführt. Tatsächlich kommunizieren Elefanten durch «Fern-Rufe», laut, aber in zu niedriger Frequenz, als daß Menschen sie hören könnten. Menschen haben zwar seit mehr als 2500 Jahren Elefanten als Arbeitssklaven gehalten, aber bis 1983 nichts über Infraschall gewußt. Genauso nehmen Hunde als unübertroffene Beobachter möglicherweise Dinge an uns oder an der Welt wahr, die uns erstaunen würden. Vielleicht tat ich trotz meiner Vorsicht eben doch etwas, sei es mit meiner Person oder mit dem Auto, was der kleinen Viva den entscheidenden Hinweis gab. Jedenfalls werde ich ihr, neben vielen anderen Dingen, immer ganz besonders dankbar sein dafür, daß sie ein Rätsel zutage gefördert hat, was wahrscheinlich das charakteristischste Geschenk ist, das Tiere uns machen, wenn wir ihr Verhalten studieren. Ohne Tiere wie Viva wüßten wir noch nicht einmal, was wir alles nicht wissen.

Ich bin aber auch zahlreichen Menschen zu Dank verpflichtet, allen voran meinem Mann, meinen Kindern, Peter Lynch, Pat Steret Stokes und Peter Thomas, Hundehaltern, wie man sie nicht jeden Tag findet, deren Mitarbeit und Geduld dieses Projekt ermöglicht haben. Ich stehe tief in der Schuld von Dave Houston und seiner Familie, die uns gezeigt haben, wie man ein Schlittenhundegespann aufbaut. Von Dave habe ich mehr über Schlittenhunde gelernt als von irgendeinem Menschen sonst, und der Rennsport hat uns allen, Menschen wie Hunden, sehr viel Vergnügen gemacht. Ich möchte hier auch meinen Dank für die lebenslange, sachverständige Fürsorge des verstorbenen Dr. Forrest F. Tenney zum Ausdruck bringen, der als junger Veterinär 1940 meinen ersten Hund behandelt hat. Ich danke Dr. Michael Maki und Dr. Charles DeVinne für ihr Können, ihre Freundschaft und ihre Fähigkeit mitzu-fühlen. Es klingt unwahrscheinlich, aber Hunde gehen tatsächlich gern zu diesen Tierärzten und marschieren mit hocherhobenem Kopf und Schwanz zu ihrem Termin. Mein Dank gilt auch Mert Dyer, unserem Magistrat, Abgeordneter im bundesstaatlichen Parlament und bis vor kurzem Apotheker unserer Stadt, für die außergewöhnliche Freundlichkeit, mit der er eine ungewöhnliche Form von Insulin besorgte, das wir in winzigen Mengen für Fatima benötigten. Der Gewinn für die Apotheke war sicher gleich Null und die Lauferei, um das Insulin zu bekommen, groß. Es wäre nicht schwer gewesen zu sagen, das Insulin sei unerhältlich, und sich damit eine Menge Schwierigkeiten zu ersparen, zumal der Patient ja auch nur ein Tier war. Doch statt dessen besorgte uns Mert Monat um Monat das Insulin, das wir brauchten, und Fatima lebte weiter. Für ihre großzügige Hilfe bei der Suche nach der verschwundenen Fatima danke ich Gretchen Poisson.

Was der Illustrator, Jared Williams, für dieses Buch getan hat, ist augenfällig; ich danke ihm nicht nur für seine Kunst, sondern auch für sein Interesse. Für die großzügige Freigabe der Fotografien, die einige der Zeichnungen angeregt haben, danke ich dem Fotografen Peter Schweitzer. Für ihre nic versagende Perfektion als Korrektorin, jetzt und immer, danke ich Liz Duvall. Für das Lesen des Manuskripts und vorzüglichen Rat danke ich den Autoren Howard Mansfield und Sy Montgomery. Sy danke ich auch dafür, daß sie Tiere in ihren Texten als die Individuen darstellt, die sie sind, und nicht als Automaten, die nur eine Spezies repräsentieren. In diesem Zusammenhang danke ich auch Vicki Hearne, die uns die Wahrnehmungsfähigkeiten verschiedener Tiere einsichtig gemacht und durch ihre zahlreichen Bücher über Hunde unser Verständnis dieser Tiere vorangebracht hat.

Ich danke meinem literarischen Agenten, Ike Williams, und meinem Verleger, Peter Davison, nicht nur für ihr Können und die Sorgfalt, die sie diesem Buch angedeihen ließen, sondern auch weil die Arbeit mit beiden Herren ein Vergnügen war. Und endlich danke ich Bob Gottlieb, dem vielleicht begabtesten Lektor auf Erden, dessen Großzügigkeit und Begeisterungsfähigkeit mich und viele andere sehr ermutigt haben und der es fertigbrachte, sich diese Aufzeichnungen als Buch vorzustellen.

BIBLIOGRAPHIE

Die folgende Liste von Büchern umfaßt einige Klassiker, denen ich mich, was meine Arbeit anbelangt, besonders verpflichtet fühle.

Ackerley, J. R., My dog Tulip. Poseidon Press, New York 1965

Beck, Alan, The ecology of stray dogs: A study of free-ranging urban animals. York Press, Baltimore 1973

Clutton-Brock, Juliet, A natural history of domesticated mammals. British Museum, London 1987
Von Juliet Clutton-Brock sind in Deutschland erschienen: In der Reihe «Sehen, Staunen, Wissen»: Hunde, Katzen, Pferde. Gerstenberg, Hildesheim

Crisler, Lois, Arctic wild. Little, Brown, Boston 1958

Hearne, Vicki, Adam's task: Calling animals by name. Knopf, New York 1986

Mech, L. David, The wolves of Isle Royale. *Fauna of the National Parks of the United States*. Fauna Series, No. 7, Government Printing Office, Washington 1966

–, The wolf: The ecology and behavior of an endangered species. Natural History Press, New York 1970
Von L. David Mech sind in Deutschland erschienen: Auf der Fährte der Wölfe. Frederking/Thaler, München 1992, und Der weiße Wolf. Frederking/Thaler, München 1990

Murie, Adolph, The wolves of Mount McKinley. *Fauna of the National Parks of the United States*. Fauna Series, No. 5, Government Printing Office, Washington 1944

Scott, J. P., and J. L. Fuller, Genetics and the social behavior of the dog. University of Chicago Press, Chicago 1965
Zeuner, Frederick E., A history of domesticated animals. Harper & Row, New York 1963

Film und Fernsehen

Paul Auster
Smoke. Blue in the Face *Zwei Filme*
(rororo 13666)

Chris Carter
Akte X: Der Film *Der Roman zum Kinofilm*
(rororo 22420)
Akte X: Der Film *Der Jugendroman zum Kinofilm*
(rororo 20934)
Die offiziellen Romane zum großen Kinoereignis: die FBI Agenten Dana Scully und Fox Mulder stehen vor ihrer größten Herausforderung.

Dean Devlin / Roland Emmerich / Stephen Molstad
Independence Day. Der Tag, an dem wir zurückschlagen *Der Roman zum Film*
(rororo 13949)

Stephen Molstad
Independence Day
Was geschah in Area 51? *Nach einer Idee von Dean Delvin und Roland Emmerich*
(rororo 22346)

Tom Tykwer
Lola rennt *Mit Bildern von Frank Griebe. Das Buch zum Film. Mit Mini-CD*
(rororo 22455)
Manni sitzt in der Patsche, und Lola muß ihn retten. Sie hat zwanzig Minuten. Und drei Chancen ...
Nach «Winterschläfer» Tom Tykwers neuer Film mit Moritz Bleibtreu und Franka Polente in den Hauptrollen.

Carolly Erickson
Katharina die Große *Eine deutsche Prinzessin auf dem Zarenthron. Mit Fotos aus dem ZDF-Film*
(rororo 13935)

rororo Unterhaltung

Stephen McCauley
Liebe in jeder Beziehung *Der Roman zum Film von Nicholas Hytner*
(rororo 22517)
George lernt Nina auf einer Party kennen, als ihm gerade sein Freund Robert den Laufpaß gibt. Kurzentschlossen nimmt er Ninas Angebot an und zieht zu ihr: der Beginn einer wunderbaren Freundschaft. Dann ist Nina schwanger. Doch statt sich mit Howard, dem Vater, auf das Kind zu freuen, entscheidet Nina, das Kind mit George aufzuziehen. Der fällt aus allen Wolken, schließlich waren Frau und Kind bisher in seiner Lebensplanung nicht vorgesehen ...
In den Hauptrollen der brillanten Beziehungskomödie: Jennifer Aniston und Paul Rudd.

H. B. Gilmour
Tage wie dieser ... *Roman zum Film*
(rororo 22203)

Rowohlt im Internet:
www.rowohlt.de

Lebensläufe

Linde Salber
Tausendundeine Frau *Die Geschichte der Anaïs Nin*
(rororo 13921)
«Mit leiser Ironie, einem lebhaften Temperament und großem analytischen Feingefühl.» *FAZ*

Virginia Harrard
Sieben Jahre Fülle *Leben mit Chagall*
(rororo 12364)

Kenneth S. Lynn
Hemingway *Eine Biographie*
(rororo 13032)

Michael Jürgs
Der Fall Romy Schneider *Eine Biographie*
(rororo 13132)
»*Der Fall Romy Schneider* ist ein freundschaftliches Buch, aufrichtiger und interessanter als die meisten Biographien, die bei uns über Schauspieler geschrieben werden.» *Süddeutsche Zeitung*

Erika Mann
Mein Vater, der Zauberer
Herausgegeben von Irmela von der Lühe und Uwe Naumann
(rororo 22282)
Die Geschichte dieser außergewöhnlichen Vater-Tocher-Beziehung wird in diesem Band nachgezeichnet. Mit zahlreichen Essays, Interviews und Briefen.

Andrea Thain
Katharine Hepburn *Eine Biographie*
(rororo 13322)

rororo Biographien

Charlotte Chandler
Ich, Fellini *Mit einem Vorwort von Billy Wilder*
(rororo 13774)
«Ich habe nur ein Leben, und das habe ich dir erzählt. Dies ist mein Testament, denn mehr habe ich nicht zu sagen.» *F. Fellini zu C. Chandler*

Andrea Thain / Michael O. Huebner
Elisabeth Taylor
Hollywoods letzte Diva. Eine Biographie
(rororo 13512)
«Vor mehr als vierzig Jahren lehrte mich MGM, wie man ein Star ist. Und ich weiß bis heute nicht, wie ich etwas andere hätte sein können.» *Elisabeth Taylor*

Ein Gesamtverzeichnis aller lieferbaren Titel der *Rowohlt Verlage, Rowohlt Berlin, Wunderlich* und *Wunderlich Taschenbuch* finden Sie in der *Rowohlt Revue*. Vierteljährlich neu. Kostenlos in Ihrer Buchhandlung.

Rowohlt im Internet:
http://www.rowohlt.de

3285/6

90 Jahre Rowohlt

Heinrich Maria Ledig-Rowohlt hatte eine Schwäche für Bücher, «die sich ohne Mühe so weglesen». So fanden sich in seinem Verlag neben den zahlreichen literarischen Entdeckungen auch Perlen der vergnüglichen und entspannten, aber auch der gefühlvollen Lektüre. Kein Wunder, daß die Leser seinem Spürsinn vertrauten und so manchem dieser Werke zu Bestseller-Ehren verhalfen. Ausgewählte Taschenbücher zum Jubiläum:

Paul Auster
Die NewYork-Trilogie *Roman*
(rororo 22501)

T. Coraghessan Boyle
Wassermusik *Roman*
(rororo 22505)

Simone de Beauvoir
Memoiren einer Tochter aus gutem Hause
(rororo 22507)

Wolfgang Borchert
Das Gesamtwerk
(rororo 22509)

Rita Mae Brown
Jacke wie Hose *Roman*
(rororo 22513)

Hans Fallada
Kleiner Mann – was nun?
Roman
(rororo 22510)

Peter Høeg
Fräulein Smillas Gespür für Schnee *Roman*
(rororo 22502)

Elke Heidenreich
Kolonien der Liebe
Erzählungen
(rororo 22514)

rororo Literatur

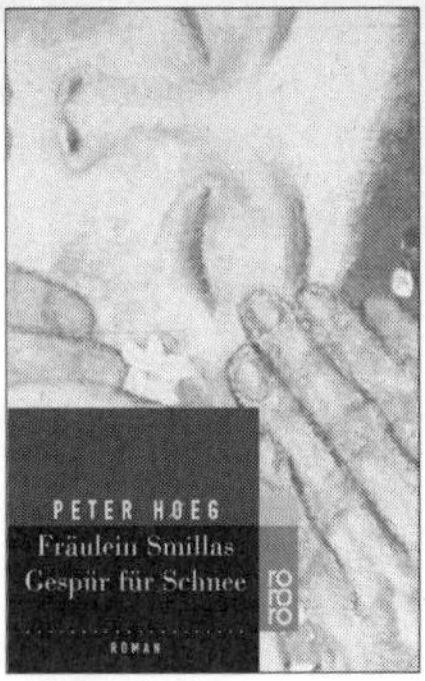

John Irving
Garp und wie er die Welt sah
Roman
(rororo 22504)

Klaus Mann
Mephisto *Roman*
(rororo 22512)

Harry Mulisch
Die Entdeckung des Himmels
Roman
(rororo 22503)

Robert Musil
Die Verwirrung des Zöglings Törleß
(rororo 22511)

Rosamunde Pilcher
September *Roman*
(rororo 22515)

Jean-Paul Sartre
Der Ekel *Roman*
(rororo 22508)

Carola Stern
Der Text meines Herzens *Das Leben der Rahel Varnhagen*
(rororo 22506)

3670/1